Emejulu | Schwarzer Feminismus
und die Grenzen des Menschseins

[Was bedeutet das alles?]

Akwugo Emejulu

Schwarzer Feminismus und die Grenzen des Menschseins

Aus dem Englischen übersetzt von Holger Hanowell

Reclam

RECLAMS UNIVERSAL-BIBLIOTHEK Nr. 14490
2024 Philipp Reclam jun. Verlag GmbH,
Siemensstraße 32, 71254 Ditzingen

Gestaltung: Cornelia Feyll, Friedrich Forssman
Druck und Bindung: Esser printSolutions GmbH,
Untere Sonnenstraße 5, 84030 Ergolding
Printed in Germany 2024
RECLAM, UNIVERSAL-BIBLIOTHEK und
RECLAMS UNIVERSAL-BIBLIOTHEK sind eingetragene Marken
der Philipp Reclam jun. GmbH & Co. KG, Stuttgart
ISBN 978-3-15-14490-9

Auch als E-Book erhältlich

www.reclam.de

Inhalt

Vorwort
Das Gesicht der Sonne entgegenheben

Ich habe »No Humans Involved: An Open Letter to My Colleagues«, eine Abhandlung der jamaikanischen Autorin und Philosophin Sylvia Wynter, erstmals in den späten 2000er Jahren gelesen. Seither musste ich immerzu an ihre Hauptthese denken: Dass das ›Menschsein‹ eine exklusive und ausgrenzende Kategorie sei, die vom Weißsein bestimmt werde – und dass nur denjenigen Fürsorge und Solidarität zustehe, die als menschlich identifiziert und wahrgenommen werden. Wynter fordert uns auf, darüber nachzudenken, wer zu dieser Kategorie Mensch gehört und welche Auswirkungen das auf unser aller Leben hat.

Die Unruhen von 1992 in Los Angeles begannen wenige Stunden, nachdem vier weiße Polizeibeamte von dem Vorwurf der übertriebenen Gewaltanwendung freigesprochen worden waren; sie hatten brutal auf Rodney King, einen Schwarzen Autofahrer, eingeschlagen. In ihrem Essay aus dem Jahr 1994 wirft Wynter die Frage auf, wie die Stadt Los Angeles, die politisch Verantwortlichen, die Polizei und das Justizwesen dazu kamen, das Akronym N. H. I. (*No Humans Involved*, auf Deutsch etwa: ›Keine Menschen betroffen‹) zu verwenden, um Zusammenstöße mit arbeitslosen Schwarzen zu klassifizieren, die im Ghetto leben:

> Wie sind sie darauf gekommen, sich vorzustellen, was es bedeutet, sowohl Mensch als auch Nordamerikaner zu sein, und zwar in der Art von Begrifflichkeiten (d. h. weiß, von euroamerikanischer Kultur und Abstammung,

> aus der Mittelschicht, mit College-Ausbildung und in der Vorstadt lebend), nach deren Logik die Kategorie der jungen Schwarzen Männer, die arbeitslos sind, die die Schule abgebrochen haben bzw. der Schule verwiesen wurden, lediglich als eine wahrgenommen werden kann, der es am Menschsein mangelt, und die dementsprechend behandelt wird, also als konzeptioneller Gegensatz zum Nordamerikaner?[1]

Wynters Frage verdeutlicht, was ich schon immer gewusst, aber nie auszusprechen gewagt habe. Mit ihrer Frage, wie die Beamten von Los Angeles zu ihrer bestimmten Sichtweise auf das Menschliche kamen, legt Wynter offen, welche Schwierigkeiten der Versuch mit sich bringt, Schwarze in der Logik jener Beamten als Menschen zu sehen. Das Problem, dem wir uns stellen und mit dem wir leben müssen, ist, dass Schwarze keine Menschen sind, doch damit nicht genug, denn uns ist es schlichtweg nicht möglich, menschlich zu sein. Innerhalb der Idee vom Menschsein, die in der Moderne vorherrscht, sind arbeitslose junge Schwarze – wie alle Schwarzen – keine Menschen: Wir sind lediglich ›die *Abwesenheit* alles Menschlichen‹. Wer einen ehrlichen, unverstellten Blick auf diejenigen wirft, die wiederholt Opfer von Gewalt, Armut, Elend und Tod werden, kann nur zu dem Schluss kommen, dass Wynters Argument richtig ist. Wynter ihrerseits hat begriffen, dass Universalität dann ihre Grenzen hat, wenn es um die Definition des Menschseins geht, insbesondere um die Art und Weise, wie der Staat seine Macht gegen das Schwarzsein einsetzt, angefangen bei Polizeigewalt bis hin zu der ungleichen Behandlung im Gesundheitswesen: Bestimmte

Gruppen von Leuten wurden nicht nur entmenschlicht, sie wurden von Anfang an nie als Menschen betrachtet.

Dieses Klassifizierungsproblem erster Ordnung kann nie überwunden werden, da unsere gegenwärtige Welt auf diesem fundamentalen, festgefügten Gegensatz von Menschsein/Anderssein fußt. Dieses manichäische Konstrukt beruht auf einem Spannungsverhältnis, das die Schwarzen zugleich ein- und ausschließen muss, um das Menschsein des Weißseins und folglich das Weißsein als Menschsein zu erzeugen.

Wie ich noch erläutern werde, tragen die unterschiedlichen Bemühungen, die Kategorie des Menschseins zu erweitern, nicht zuletzt der liberale Humanismus – der sich auf die Entfaltung eines aufblühenden, kritischen und autonomen Individuums konzentriert – wenig dazu bei, das Problem der Ausgrenzung zu lösen, das Wynter benennt. Selbst diese scheinbar weitgefassten Vorstellungen dessen, was ein Mensch sein kann und sein sollte, sind implizit weiß und männlich, da die grundlegende Voranahme, nämlich der Gegensatz Mensch/Anderes, noch nicht hinterfragt und überwunden worden ist. Auch der liberale, rechtebezogene hegemoniale Feminismus Europas und Nordamerikas behandelt Frauen implizit als weiß.

Wynters Überlegungen fordern uns dazu heraus, darüber nachzudenken, ob und inwieweit das ›Menschsein‹ neu geschaffen werden kann. Ich persönlich glaube nicht daran, dass es möglich ist, das Menschsein zurückzugewinnen – aber ich frage mich: Kann eine spekulative Schwarze feministische Politik des Menschseins uns zu anderen Arten von sozialen Beziehungen führen?

Wynters Analyse stellt die Schwarze feministische Politik und die politische Geschichte grundlegend infrage. Denn was nützt es, politisch zu sein und Politik innerhalb eines Systems zu betreiben, das einen nicht als menschlich ansehen kann und will? Warum dann noch wählen gehen, warum sich mit Institutionen abgeben, warum Aktivistin sein, warum sich überhaupt in der Welt engagieren? Und wie steht es um unsere politischen Identitäten? Wenn das Menschsein als Kategorie nur wenigen vorbehalten ist, wird dann nicht ebenfalls in Zweifel gezogen, auf welche Weise wir unser Leben organisieren? Ob jemand ein Mann, eine Frau, ein Kind, Schwarz, Latinx, Asiatin ist – oder aber sich all diesen Kategorien komplett verweigert, wird durch die essenzielle, ausgrenzende Klassifizierung des Menschseins gebrochen. Wie sprechen wir über uns und mit uns selbst? Wie erzeugen wir individuelle und kollektive Identitäten, um einen wirklichen, nachhaltigen Wandel auf gesellschaftlicher oder gar paradigmatischer Ebene herbeizuführen?

Dies sind keine abstrakten, philosophischen Überlegungen. Meine Forschungen zu Aktivist:innen of Colour in Europa und Amerika, die sich organisieren und mobilisieren, um ihre Interessen durchzusetzen, kehren immer wieder zu diesen fundamentalen Fragen zurück. Seit der Weltfinanzkrise 2008 habe ich die Erfolge und Misserfolge der Aktivist:innen of Colour in fünfzehn Ländern kartiert, wobei ich zu ›Frauen‹ sowohl cis Frauen als auch trans Frauen sowie nichtbinäre Femmes zähle. ›Frauen of Colour‹ wiederum definiere ich als Frauen, die »die Auswirkungen der Rassifizierung, der Klassen- und Geschlechterdominanz sowie andere Ursprünge der Ungleichbehandlung, insbesondere Hierarchien des Rechtsstatus, erfahren«.[2] Sie alle eint über die Epochen, Grenzen, Sprachen, *races*, Ethnizitäten, Sexualitäten, *dis/abilities* und Religionen hinweg die gemeinsame Erfahrung, dass sie sich, so sehr sie sich auch bemühen, mit ihren revolutionären Weißen Kamerad:innen nicht verbünden können, insbesondere nicht mit weißen Frauen, da diese Kamerad:innen Frauen of Colour im Kampf für eine neue Welt nicht als echte Partner:innen ansehen oder behandeln können.

Im Rahmen unserer noch andauernden Forschung zur emotionalen Politik von Aktivist:innen of Colour haben meine Kollegin Leah Bassel und ich kürzlich über die Politik der Erschöpfung geschrieben: Aktivist:innen of Colour leiden nicht nur unter der Last der Austeritätspolitik und einer erstarkten extremen Rechten, sondern sie sind auch innerhalb ihrer aktivistischen Räume mit rassistischer Ausgrenzung konfrontiert, sobald sie mit weißen Feministinnen zusammenarbeiten. Eine Aktivistin aus Kopenhagen stellt zu den radikalen weißen Frauen in ihrer aktivistischen Gruppe fest: »Es ist keine Allyship, sondern eine Art paternalistische Beziehung zu uns; sie wollen kontrollieren, was wir tun.«[3]

Wynter würde die missliche Lage der Aktivist:innen sicher so verstehen, dass sie versuchen und daran scheitern, die Kategorie des Menschseins zu besetzen, oder, präziser ausgedrückt, dass sie von ihren weißen Kolleginnen nicht als aktive und wissende politische Subjekte anerkannt werden. Um das Menschsein zurückzugewinnen, müssen wir – so Wynter – untersuchen, wie das Menschliche als Gruppe in Theorie und Praxis abgegrenzt wird. Von der kolonialen Begegnung über die Erfindung von *race* bis hin zum Land- und Menschenraub im Zuge des Imperialismus definierte und prägte das Menschsein das Verhältnis des Weißseins zur Macht. Um das Menschsein also zurückzugewinnen, so argumentiert Wynter weiter, müssen wir es vom Konzept des Weißseins lösen, von der mörderischen Vorstellung vom universellen ›Menschen‹ und dessen Vorherrschaft.[4]

An dieser Stelle weiche ich allerdings von Wynter ab. Nicht, weil ich anderer Meinung bin als sie, sondern weil ich in diesem eigenwilligen kleinen Buch überlegen möchte, was zu tun ist, sobald wir der Wahrheit ins Auge blicken, dass Schwarze Frauen (die Gruppe, der mein besonderes Interesse gilt) nicht menschlich sein können. Dieses Buch stellt also die Frage: Was geschieht, wenn das Menschsein nicht zurückgewonnen werden kann und auch nicht zurückgewonnen werden sollte? Fragen dieser Art sind mein Ausgangspunkt, und darum war es auch so schwierig, dieses Buch überhaupt zu schreiben. Für gewöhnlich schreibe ich nicht so spekulativ, normalerweise befasse ich mich auch nicht mit Fragen dieser Art. Als politische Soziologin fühle ich mich sicherer, wenn ich empirische Daten sammle und analysiere; wenn ich andere dazu ermuntere und dabei unterstütze, mir ihre Geschichten, Erfolge und Misserfolge zu erzählen.

Wie können wir uns nun des Menschseins entledigen? Wie können wir unsere Gemeinschaftsbildung organisieren, um die Welt außerhalb des Menschseins und wider das Menschsein neu zu erschaffen? Wie praktizieren wir Fürsorge, und zwar auf eine Weise, die unsere sozialen Beziehungen grundlegend verändert? Wynter steht nicht allein mit ihrer Analyse der ausgrenzenden Kategorie des Menschseins. Auch James Baldwin, Frantz Fanon, George

Yancy, Saidiya Hartman, Hortense Spillers, Fred Moten, Rinaldo Walcott, Christina Sharpe, Alexander Weheilye, Alexis Pauline Gumbs, Marquis Bey und Frank Wilderson, sie alle ersinnen und untersuchen Lebensweisen außerhalb, entgegen und jenseits des Menschlichen. Ich bin weder eine Wissenschaftlerin der Black Studies noch eine Verfechterin des Afropessimismus, deshalb möchte ich bei meinem Abstecher in diese Thematik behutsam und respektvoll vorgehen.[5] Mir geht es weniger darum, das Schwarzsein und das Menschsein zu theoretisieren; vielmehr möchte ich ergründen, was geschieht, wenn wir Wynters Auffassung vom Menschsein als gegeben annehmen und diese mit einer nur allzu menschlichen Politik verbinden, um auf andere Weise über Schwarzen Feminismus nachzudenken und Schwarzen Feminismus anders zu praktizieren.

Dies ist der Feminismus der Fliehenden – ein wilder Vorschlag, ein paradoxes Experiment, um herauszufinden, ob es möglich ist, die durchlässige, sich verändernde und instabile Identität des Aufderfluchtseins auf eine Schwarze feministische Politik der Befreiung anzuwenden. Wie würde es aussehen, wenn wir Fürsorge- und Solidaritätsbeziehungen mit jenen Anderen eingingen, die sich außerhalb der Kategorie des Menschlichen befinden? Was wird zum Beispiel über die Unmenschlichkeit an den europäischen Grenzen offenbar, wenn wir die Interessen und Bedürfnisse der Geflüchteten – der Migrant:innen und Flüchtlinge – in den Mittelpunkt unserer fürsorglichen und solidarischen Politik stellen? Wie ließe sich das mit direkten Aktionen für einen radikalen sozialen Wandel verbinden?

Experimente, selbst Gedankenexperimente, sind nicht

immer erfolgreich, aber sie haben etwas zutiefst Therapeutisches. Als ich 2002 nach Schottland zog, vermisste ich die Sonne und die texanische Hitze. Ich bin nie deprimierter und habe mehr Heimweh als während eines kalten und verregneten schottischen Sommers. Aber ich habe gelernt, die Sonne wertzuschätzen, sobald sie sich zeigt. Bei diesen seltenen Gelegenheiten, wenn ich in der schottischen Sonne baden kann, scheint alles besser zu sein, sobald ich mein Gesicht der Sonne entgegenhebe. Geblendet von Photonen trete ich aus mir heraus und denke an andere Welten und Möglichkeiten, und sei es nur für einen kurzen Moment. Das ist im Grunde, was dieses Buch ausmacht. Indem ich mich mit solchen Themen befasse, trete ich aus mir heraus und stelle mir eine andere Möglichkeit vor, lebendig und politisch zu sein, sowohl allein als auch gemeinsam.

Einleitung
Dem Menschsein entfliehen

Wann hast du zum ersten Mal verstanden, dass du nicht-menschlich bist? Für mich war das eine schleichende Erkenntnis. Um es vorab zu sagen, ich wies diese Vorstellung entschieden von mir. Als mich in der dritten Klasse ein weißer Junge *nigger* schimpfte und ich daraufhin in Tränen aufgelöst zu meiner weißen Lehrerin rannte, zuckte sie unbeeindruckt mit den Schultern und sagte mir, ich solle das einfach ignorieren. Und damit hatte es sich. Diese Art von Gewalt war ihr egal, weil ich ihr egal war. Ich war nicht-menschlich. Ich wollte aber mehr als alles andere ganz und gar menschlich sein. Während ich damit zu kämpfen hatte, meine braune Haut, mein gekräuseltes Haar und meinen nigerianischen Namen lieben zu lernen, wollte ich unbedingt dazugehören. Zu jener Zeit konnte ich allerdings nicht ahnen, dass mein Wunsch nach Zugehörigkeit auch ein Wunsch nach unerreichbarem, implizit weißem Menschsein war.

Ich wuchs in den Vereinigten Staaten auf, in einem bescheidenen, mittelständischen Haus in Dallas. Meine Kindheit in den 1980er und 1990er Jahren war eine widersprüchliche Zeit, geprägt von den langanhaltenden Bemühungen der Rechten, die hart erkämpften Errungenschaften der Bürgerrechtsbewegung rückgängig zu machen. Es war aber auch eine Zeit, in der Schwarze Familien wie meine nach wie vor einen gewissen Teil der Träume leben konnten, die sich die Bürgerrechtsaktivist:innen ausgemalt hatten. Über die Jahre hinweg nahm ich wahr, wie sich

Möglichkeiten auftaten und wieder verschwanden, ich hatte eine Vorstellung davon, was zukünftig möglich sein könnte und was nicht – nicht unbedingt für mich selbst, sondern für das ganze Land. Die gesetzlichen Rahmenbedingungen – der *Civil Rights Act* von 1964 (das Bürgerrechtsgesetz), der *Voting Rights Act* von 1965 (das Wahlrechtsgesetz) und der *Fair Housing Act* von 1968 (Bundesgesetz gegen Benachteiligung bei Hausverkäufen und -finanzierungen), ein Gesetz, dank dem meine Familie ein Haus in den Vororten erwerben, eine der besten staatlichen Schulen der Gegend besuchen, in Sicherheit leben und sich für ein besseres Leben für alle Schwarzen einsetzen konnte – waren unerbittlichen Angriffen vonseiten konservativer Politiker ausgesetzt.[1] Die sogenannte Neue Rechte begann damit, diese neuen gesetzlichen Schutzbestimmungen und das erweiterte soziale Sicherheitsnetz wieder abzubauen – die Eckpfeiler von Präsident Lyndon Johnsons sozialpolitischem *Great Society Program*. Präsident Ronald Reagan setzte die Kostenreduktion, Schrumpfung und Privatisierung des Wohlfahrtsstaates durch, die er mit explizit rassifizierten Begriffen rechtfertigte.[2] Die unter Weißen grassierende moralische Entrüstung über *welfare queens* (abwertende Bezeichnung für Frauen, die über einen längeren Zeitraum Sozialleistungen beziehen) oder *crack babies* (Kinder drogensüchtiger Eltern) sowie die Ängste und Wut gegenüber Schwarzen – insbesondere armen Schwarzen – wurden instrumentalisiert, nicht nur für Wahlerfolge, sondern auch für die Zerschlagung der Wohlfahrt und der Bürgerrechte.[3]

Heute ist mir klar, dass meine Familie und ich nur unter Vorbehalt in unserer multiethnischen, mehrere Schichten umfassenden Nachbarschaft lebten. Diese bemerkenswerte kurze Zeitspanne, in der wir mit unseren Nachbarn[4] in einer Art unbehaglicher, fragiler Gleichheit und gegenseitigem Respekt zusammenlebten – als Schwarze, Weiße, Latinx, Hmong und Menschen aus südasiatischen Ländern –, musste ein Ende haben. Und wie gründlich sie auseinandergenommen wurde; ich bin nach wie vor beeindruckt davon, wie viel Einsatz erforderlich ist, um so viel Unheil anzurichten. Unter Ronald Reagan, und später unter seinem Schüler Bill Clinton, wurden die Grundlagen der öffentlichen Wohlfahrt, die einen Großteil des Bürgerrechtsprogramms ermöglicht hatten, regelrecht ausgehöhlt. Der ohnehin schon dürftige US-amerikanische Wohlfahrtsstaat wurde drastisch geschwächt, damit einhergehend schwanden auch bestimmte Rechte und Teilhabemöglichkeiten für Schwarze Staatsbürger.

Meine Familie gehörte mütterlicherseits zur Schwarzen Elite von Dallas. Mein Urgroßvater Walter McMillan war bei der ersten Phase der Great Migration dabei gewesen.[5] Er floh vor dem rassistischen Terror in Mineola, einer kleinen Stadt in East Texas, wo meine Vorfahren als Sklaven gehalten worden waren, und gelangte nach 1910 nach Dallas. Er war Lehrer, studierte dann Medizin und avancierte zu einem der ersten Schwarzen Ärzte der Stadt. Mein Großvater Duane Mason war ein Anwalt mit eigener Kanzlei, der nebenbei für die NAACP (die ›Nationale Vereinigung für die Förderung Farbiger Menschen‹) arbeitete. Meine Großmutter Ollie Lee McMillan Mason untergrub die Rassentrennung in den Krankenhäusern in Dallas, indem sie in den 1970er Jahren die erste Schwarze Krankenschwester im Parkland Hospital wurde.[6] Mein Großvater starb, als ich noch ein Kleinkind war, daher habe ich ihn nicht kennengelernt. Aber ich war der Liebling meiner Großmutter, und so verbrachten wir viele Stunden zusammen und sahen uns Baseballspiele an (sie liebte die Texas Rangers), schauten Wrestling (nur die wahren Fans erinnern sich noch an die Von-Erich-Familie) oder gingen in die Kirche (in die Good Street Baptist Church in Oak Cliff), aber die meiste Zeit redeten und redeten wir – wir sprachen über Gott, die Bibel (sie liebte vor allem die Sprüche und Psalmen), über Politik und über ihr Leben in Dallas.

Granny, wie wir sie nannten, hatte unglaubliche Geschichten zu erzählen. Durch ihre Geschichten kam ich erstmals in Berührung mit dem Schwarzsein und im Zuge dessen auch mit der Sehnsucht nach dem Menschsein. Sie wuchs in einem von Widersprüchen geprägten Staat auf, aber sie beschrieb ihr Leben nicht so, noch hat sie es so aufgefasst. Als Tochter eines bekannten Arztes hatte sie es vergleichsweise komfortabel und behaglich. Als ich sie fragte, wie ihr Leben während der Great Depression gewesen sei, antwortete sie, unsere Familie sei nicht unmittelbar von der Weltwirtschaftskrise betroffen gewesen, da – Krise hin oder her – die Leute ja trotzdem zum Arzt mussten. Sie lebte in einer Schwarzen Welt der Mittelschicht mit Debütantinnenbällen, Benefizveranstaltungen und Geselligkeitsvereinen für Frauen.[7] Darüber hinaus war Granny so hellhäutig, dass sie glatt als Weiße durchging. Als sie heranwuchs, lautete ihr Spitzname Sandy, wegen ihres hellen Haars. In ihren Geschichten beschreibt Granny eine im Verborgenen aufblühende Schwarze Welt unter den Jim-Crow-Gesetzen.*

* Anm. d. Ü.: Die *Jim Crow Laws* dienten nach der Abschaffung der

Wir richten unser Augenmerk oftmals – und berechtigterweise – auf die ›getrennt und ungleich‹-Doktrin des amerikanischen Apartheidsystems. Doch innerhalb der strukturellen Gewalt und Segregation gediehen die Schwarzen Communities, wenn auch auf unsicherem Fundament. Jeden Morgen kam meine Großmutter von der Nachtschicht zurück, und ehe ich mich auf den Weg zur Schule machte, sah ich ihr dabei zu, wie sie Kaffee kochte, ein Spiegelei und zwei Streifen Bacon briet und die Zeitung aufschlug (den inzwischen nicht mehr existierenden *Dallas Times Herald*) und dabei sagte: »Na, dann wollen wir doch mal sehen, was der weiße Mann wieder angestellt hat.«

Aus den Augenwinkeln nahm meine Großmutter die Welt der Weißen wahr, aber diese Welt war nicht notwendigerweise etwas, das man fürchten musste, sie lag lediglich hinter einer Mauer, einem unverrückbaren Merkmal, das man umgehen musste, aber nie erklimmen oder gar einreißen würde. Das Schwarzsein meiner Großmutter war geprägt von dem Vertrauen in ihre Klassenzugehörigkeit, ihre hellhäutige Schönheit und ihre furchteinflößende Intelligenz. Sie konnte Dummköpfe nicht ausstehen. Dennoch verläuft durch ihr geliebtes Viertel Freedman's Town und später durch die Straße, in der ihr geliebtes Haus stand – Pearl Street, in unmittelbarer Nähe zur Downtown – inzwischen der Interstate 75 Freeway. Die Stadtteile, in die meine Vorfahren einst aus East Texas flohen und in denen sie sich häuslich niederließen und Familien gründeten – trotz der Segregation –, wurden kurzerhand abge-

Sklaverei dazu, die Rassenhierarchie in allen Bereichen der Gesellschaft der Südstaaten aufrechtzuerhalten.

rissen, damit weiße Bürger leichter zwischen ihren ausschließlich weißen Vororten und dem zentralen Geschäftsviertel von Downtown Dallas pendeln konnten. Grannys Community, die Geschichte dieses Viertels, all die sozialen Verflechtungen und der Wohlstand – all das löste sich auf und zerstreute sich im Einzugsbereich des Metroplex, von da an sollten die alten Strukturen für immer verloren sein.

Meine Großmutter wollte nicht weiß sein, auch wenn sie – wie die Protagonistin in Nella Larsens Roman *Passing* (dt. *Seitenwechsel*) – die Fähigkeit besaß, im Weißsein zu verschwinden. Nie wäre es ihr in den Sinn gekommen, weiß zu sein – sie wollte ein Mensch sein. Aber heute verstehe ich natürlich, dass es unmöglich ist, das eine von dem anderen zu trennen.

Meine Mutter und mein Vater lernten sich in der Howard University kennen, der führenden Schwarzen Universität des Landes. Sie lernte für ihren Master in Englischer Literaturwissenschaft. Er studierte Medizin. Im Nachhall der Erfolge der amerikanischen Bürgerrechtsbewegung und der Unabhängigkeit Nigerias beschlossen meine Eltern, nach Lagos zu ziehen, in die Heimatstadt meines Vaters. Nach ihrer Ankunft dort eröffnete meine Mutter eine Schule und mein Vater ein Krankenhaus. In einer erschreckend gewöhnlichen Story sah sich meine Mutter nach ihrer Ankunft mit uns allen (mit ihren drei Töchtern und einem Sohn, keines der Kinder älter als zwölf Jahre) dazu gezwungen, eine todesmutige Flucht zu planen und umzusetzen, um sich vor meinem gewalttätigen Vater in Sicherheit zu bringen. So brachte sie meinen Bruder, meine Schwestern und mich 1978 wieder zurück nach Dallas, traumatisiert und mittellos.

Von da an wurde ich geprägt von den Empfindsamkeiten der Schwarzen Elite, in Gestalt meiner Großmutter und ihres Freundes- und Bekanntenkreises. Anders als meine Großmutter und meine Mutter bin ich in den mehrheitlich weißen Vororten aufgewachsen, in die wir von Oak Cliff zogen. Unser altes Viertel war im Niedergang begriffen, wissentlich vernachlässigt vonseiten einer Stadt, der die Steuereinnahmen fehlten, weil die wohlhabendsten weißen Haushalte innerhalb der City of Dallas entweder in ihren ausschließlich weißen Enklaven gemeldet waren (University Park und Highland Park) oder nach Norden in die neuen Vororte auswichen, etwa Richardson und Plano.

Als ich heranwuchs, habe ich nie verstanden, warum ich immer am Rande des Geschehens stand. In der Schule wurde ich nicht gemobbt oder belästigt; ich hatte viele Freunde und Freundinnen, aber aus einem unerfindlichen Grund war ich nicht im Einklang mit mir und fühlte mich unbehaglich. Erst später erfuhr ich, dass meine Schwester Ngozi, die im Alter von fünfzig Jahren starb, dabei mitgewirkt hatte, die Rassenschranken an ihrer High School aufzuheben, und dass mein Bruder und ich an einem der letzten Busing-Programme teilgenommen hatten, um die Rassentrennung an meiner nicht fußläufig erreichbaren Junior High School abzuschaffen. Damals fehlte mir das sprachliche Vermögen, um auszudrücken, was eigentlich mit mir geschah, und es ist mir immer noch rätselhaft, warum sich weder meine Großmutter noch meine Mutter mit uns hinsetzten, um uns zu erklären, was um uns herum geschah. Ich schätze, sie waren beruflich sehr eingespannt – meine Mutter als Lehrerin für Französisch und Englisch in ihrem geliebten Viertel Oak Cliff, das sie hatte verlassen müssen, und meine Großmutter als Nachtschwester, zunächst in einem Krankenhaus in einem nahegelegenen Viertel, später in einem Pflegeheim für ältere Menschen. Ich frage mich, inwieweit sich mein Weltbild verändert hätte, wenn man mir die Politik des Menschseins, die um mich herum stattfand, nahegebracht hätte.

Das Verständnis meines Nicht-Menschseins beschlich mich dann doch, und jetzt kann ich nicht mehr davon lassen. Ich möchte es an mich nehmen, möchte es genauer bei Licht betrachten. Mich damit befassen. Es begreifen. Und annehmen. Ich vermag nicht genau zu sagen, wie ich zu dieser Erkenntnis gekommen bin. Dass ich aus der vermeintlich universellen Kategorie des ›Menschseins‹ ausgeschlossen bin, spürte ich besonders deutlich in meinem angespannten Verhältnis zu den Sozialwissenschaften: Das meiste, was ich dort lernte, traf nicht auf mich oder, allgemeiner gesprochen, auf Schwarze Frauen zu, da es sich um Forschungsergebnisse weißer Wissenschaftler:innen handelt, die wiederum ihre implizit weiße Welt beschreiben. In gleicher Weise musste ich bei meinen ermüdenden Begegnungen mit Aktivist:innen und innerhalb akademischer Kreise meine weißen ›Schwestern‹ ständig daran erinnern, dass Schwarze Frauen tatsächlich auch Frauen sind und dass wir zwar eigene Interessen verfolgen, aber bisweilen auch Interessen, die sich mit ihren überschneiden. Viele radikale weiße Frauen weigerten sich nachzuvollziehen oder zu akzeptieren, wie *race* funktioniert, denn viele verstehen sich selbst und ihr politisches Handeln als ›rassenunabhängig‹, selbst wenn sie (manchmal unabsichtlich) den Glauben an die Überlegenheit der Weißen (*White Supremacy*) in ihrer Arbeit reproduzieren. Als mir klarwurde, dass Schwarze Frauen seit Hunderten von Jahren dieselben lähmenden Gespräche mit weißen Frauen führen, spitzten sich die Dinge zu.[8]

Mein Verständnis davon kristallisierte sich heraus, während ich die von Gewalt geprägte Sprache und die Herangehensweise einiger weißer europäischer Feministinnen angesichts der Flüchtlingskrise von 2015 verfolgte und dagegen Stellung zu beziehen versuchte. Viele taten sich im Namen des Feminismus mit der extremen Rechten zusammen, um gegen verzweifelte Menschen vorzugehen, die in ihren Ländern Zuflucht suchten.[9] Für die meisten Schlagzeilen sorgte ein furchtbarer Vorfall in Deutschland, in der Zeit nach den Aufständen des Arabischen Frühlings, als viel über die allgegenwärtige sexuelle Gewalt auf dem Tahrir-Platz berichtet wurde, dem Hauptsammelpunkt für diejenigen, die den damaligen ägyptischen Diktator stürzen wollten. Außerhalb des Hauptbahnhofs in Köln griffen Gruppen von Männern, von der äußeren Erscheinung her überwiegend nordafrikanischer oder arabischer Herkunft, wie die Medien berichteten, wahllos Frauen an. Als Reaktion darauf betonte eine weiße feministische Gruppe, Deutschland sei nicht der Tahrir-Platz und Deutsche würden sexuelle Gewalt nicht so einfach hinnehmen, wie es die Ägypter so leichtfertig täten.

Es ist unverzichtbar – und überdies sehr einfach –, dass Feministinnen sexuelle Gewalt beklagen, dagegen Stellung beziehen und ankämpfen, ohne sich auf *White Supremacy* zu berufen, der zufolge Schwarze und Braune von Natur aus gewalttätig sind und eine existentielle Bedrohung für weiße Frauen darstellen. Dazu müssten weiße Feministinnen sich mit Schwarzen und Braunen Feministinnen austauschen und zusammenarbeiten, um auf dem Bezugsrahmen aufbauen zu können, den die Intersektionalität bietet: Nur so können wir die illiberalen und extrem rechten politischen Einstellungen besser erkennen, die sich in Europa ausbreiten. Intersektionalität, hervorgegangen aus dem Schwarzen Feminismus, ist eine Theorie und politische Praxis der Befreiung, die uns dabei hilft zu verstehen, wie und warum *race*, Klasse, Gender, Sexualität und Rechtsstatus so leicht ausgenutzt werden können, um die ›demokratischen‹ Institutionen Europas auszuhöhlen und die sogenannten ›europäischen Werte‹ infrage zu stellen. Dass ebenjene weißen Feministinnen danach trachteten, das Thema Intersektionalität für sich selbst in Anspruch zu nehmen, es auszuplündern und zu besetzen, um allein ihre eigenen Erfahrungen damit zu beschreiben, aber *race* bei diesem Konzept, das von und für Schwarze Frauen entwickelt wurde, außen vor zu lassen, konnte ich nicht länger ertragen.[10]

Ich glaube, an diesem Punkt habe ich wirklich begriffen, dass Schwarze keine Menschen sind und auch *nie* Menschen sein können. Unsere Ausgrenzung bestimmt die Grenze des Menschseins. Auch wenn es für eine Schwarze Feministin widersprüchlich sein mag zuzugeben, dass sie kein Mensch ist, ist doch die Forderung nach unserem Platz innerhalb der Menschheit eines der zentralen Merkmale des Schwarzen Freiheitskampfes seit der kolonialen Begegnung gewesen. Der Schwarze Feminismus verfolgte seither das Ziel, gegen unsere Auslöschung in diesen Befreiungsbewegungen anzukämpfen und uns selbst zum universellen Subjekt der Befreiung zu erklären, denn, mit den Worten des Combahee River Collective: »Wenn Schwarze

Frauen frei wären, würde das bedeuten, dass auch alle anderen frei sein müssten, weil unsere Befreiung die Zerstörung aller Systeme der Unterdrückung erfordert.«[11] Warum sollte ich dieser geschichtsträchtigen Vergangenheit den Rücken kehren? Die Akzeptanz meines Nicht-Menschseins scheint ein großes Zugeständnis zu sein: Denn schließlich ist dies ja genau das, was der Rassist, der Faschist und sogar die wohlmeinenden weißen Liberalen glauben. Warum sollte ich mich mit ihnen verbünden? Glaube ich denn wirklich an meine grundlegende Minderwertigkeit?

Wenn ich glaube, dass ich nichtmenschlich bin, bedeutet das noch nicht, dass ich von meiner eigenen Minderwertigkeit überzeugt bin. Es bedeutet vielmehr, dass ich davon ausgehe, dass das Menschsein ein Konstrukt des Weißseins ist und dass jede Diskussion über Schwarze Minderwertigkeit ein Produkt des vergeblichen Kampfes ist, als Mensch anerkannt zu werden. Wer in den Genuss von Freiheit, Gleichheit und Respekt kommen will, muss sich im Weißsein positionieren und dem Weißsein unterwerfen. Im Einklang mit dieser Logik folge ich den Wegen, die James Baldwin, Charles W. Mills und George Yancy eingeschlagen haben. Baldwin[12] ruft uns in Erinnerung, dass »Amerika weiß wurde – die Menschen, die, wie sie behaupten, dieses Land ›besiedelten‹ – wurden weiß – aufgrund der Notwendigkeit, die Schwarze Präsenz zu leugnen und die Unterdrückung der Schwarzen zu rechtfertigen [...] keine Gesellschaft kann auf einer solchen genozidalen Lüge entstehen.« Yancy pflichtet ihm bei und führt diesen Aspekt weiter aus:

> [*Race*] ist ontologisch betrachtet leer [...]. Es handelt sich um ein Konzept, das sozial und historisch verhaftet sowie von kolonialem Begehren, von Argwohn, Vorherrschaft, psychologischer Projizierung und von ontologischen sowie epistemischen Logiken geprägt ist, die wiederum von Natur aus manichäisch sind, und in dem das Weißsein zu dem geworden ist, was ich als die transzendentale Norm bezeichne [...]. Weißsein ist aufgrund seiner Natur binär und hierarchisch. Weißsein ist die These [...], und ›rassifizierte‹ Gruppierungen, die nicht weiß sind, werden als ›anders‹ angesehen, als ›davon abweichend‹, d. h. als Antithese.[13]

Race und die rassifizierte Hierarchie mussten also erst erfunden werden, um den Genozid und den Raub von Menschen, Land und Ressourcen zu rechtfertigen. Das ist die ›genozidale Lüge‹, auf die sich Baldwin bezieht. Das Weißsein, das eigennützig ist und sich selbst mythologisiert, wird nicht nur als Verkörperung der idealen Merkmale des Menschseins positioniert – es wird als Menschsein selbst konstruiert. Weißsein ist totalisierend, und deshalb sind Unwissenheit und Unschuld so wichtig, wenn Weißsein praktiziert wird. Wie Mills argumentiert, benötigt Weißsein eine kollektive Amnesie mit Blick auf die Vergangenheit und die Gegenwart; zudem beruft es sich auf die Unschuld, nichts darüber zu wissen oder wissen zu *wollen*, wie viel Leid und Zerstörung angerichtet wurde, um die rassifizierte Hierarchie auf Dauer zu bewahren.[14] All diejenigen, die nicht weiß sind, werden – wie Yancy es formuliert – als abweichend und nichtmenschlich betrachtet. Das Menschsein als Ableitung des Weißseins ist ein mörderisches Unterfangen der Plünderung, Ausbeutung und Zwangsenteignung. Hat man einmal verstanden, dass ›Menschsein‹ eine Synekdoche für Weißsein ist, gerät das Zugehörigkeitsgefühl zum Menschsein ins Wanken.

Wichtig bei der Dynamik von Weißsein und Menschsein ist, dass es sich dabei nicht um eine historische Praxis handelt, die, sagen wir, nach der Abschaffung der Sklaverei oder dem Untergang des Britischen Empire endete. Ebenso wenig trugen unterschiedliche Angebote des Menschseins – erweiterte Staatsbürgerschaftsrechte und Zugestehen des Wahlrechts – zur Lösung des Problems bei: Diese Art Geste kann immer nur eine Maskerade sein, bei der das Menschsein als eine exklusive Kategorie von hohen Mauern mit Stacheldraht umgeben ist. Schwarze leben weiterhin außerhalb dieser Mauern, in jenem Zwischenstadium, jenem Schwellenbereich des Nicht-Menschseins, und doch erheben sie ständig Anspruch auf das Menschsein. Die Black-Lives-Matter-Bewegung, die als Reaktion auf den Mord an Trayvon Martin entstand, ist das jüngste Beispiel für unser Nicht-Menschsein. Die simple und scheinbar unstrittige Aussage, dass »Schwarze Leben von Bedeutung sind«, wurde als Bedrohung der rassifizierten Ordnung der Dinge aufgefasst. Es ist gefährlich zu behaupten, dass das Leben Schwarzer den gleichen Wert wie das Leben Weißer hat. Für diesen Affront sahen sich die Demonstranten auf den Straßen mit schweren Waffen konfrontiert, und das FBI hat sie als *Black identity extremists* bezeichnet – eine Bedrohung für die nationale Sicherheit. Dass auf Schwarze, die dagegen protestieren, dass wir durch den Staat zu Tode kommen, und gleichzeitig proklamieren, dass unser Leben genauso viel wert ist wie das Leben der Weißen, mit Gewalt und Unglauben reagiert wird, unterstreicht, dass das Menschsein auch im 21. Jahrhundert noch immer nicht von uns in Anspruch genommen werden kann. Es ist auf ewig unerreichbar für uns, weil das Menschsein auf Weißsein beruht und erst durch Weißsein ermöglicht wird.

In vielen ihrer Schriften argumentiert Sylvia Wynter, dass das Menschsein eine exklusive Kategorie ist, innerhalb derer besondere Formen der Fürsorge und Solidarität gewährt werden. Wynter hilft uns zu erkennen, warum systemische und willkürliche Gewalt sowohl leichtfertig als auch *mit Sorgfalt* ausgeübt werden kann. Um das Wohlergehen anderer Menschen zu schützen, muss man sich mit ihnen identifizieren und die Gemeinschaft mit ihnen suchen. Unter diesen Bedingungen können wir Sorge nicht von Not trennen. Für Mitmenschen zu sorgen bedeutet, sie vor dem Leid zu bewahren, das allen Anderen widerfahren soll. In der Politik des Menschseins sind Sorge und Leid miteinander verzahnt, da das eine über das andere Auskunft gibt und ihm Bedeutung verleiht, so wie das Menschsein und das Nicht-Menschsein einander konstituieren. An nichtmenschliche Andere wird kein Gedanke und keine Sorge verschwendet. Aber auch dies ist eine Art von Fürsorge – sie gibt den Mitmenschen Gewissheit, dass die nichtmenschlichen Anderen zum Schutz der Menschen zu Schaden kommen werden.

Außerhalb der Gemeinschaft des Menschseins zu stehen bedeutet, dass man der Gnade und den Launen derjenigen ausgesetzt ist, die einen nicht als gleichwertig ansehen und einen höchstwahrscheinlich überhaupt nicht beachten. Dieses Verständnis von der Dynamik des Menschseins verdeutlicht, weshalb Ruth Wilson Gilmore Rassismus als

»staatlich sanktionierte und/oder legale Produktion und Ausbeutung gruppendifferenzierter Anfälligkeiten für einen vorzeitigen Tod innerhalb unterschiedlicher, aber eng miteinander verknüpfter politischer Geografie« definiert.[15] Rassismus, wenn man ihn als Politik des Menschseins in Bezug auf Fürsorge und Tod versteht, ist die grundlegende soziale Beziehung zwischen Menschen und den nichtmenschlichen Anderen.

Das Problem des Nicht-Menschseins ist für Schwarze Frauen noch gravierender, die an der Schnittstelle der rassifizierten Hierarchie, der Gender-Binarität und der Klassenstruktur existieren. In ihrem klassischen Roman des Schwarzen Feminismus, *Their Eyes Were Watching God* (dt. *Vor ihren Augen sahen sie Gott*) stellt Zora Neale Hurston fest: »Nach meiner Erfahrung ist die Niggerfrau der Muli der Welt.«[16] Schwarze Frauen stehen in den Hierarchien von *race* und Klasse ganz unten, sie haben einen prekären und umstrittenen Anspruch auf das Frausein. Obwohl wir für andere arbeiten – und man erwartet von uns, dass wir das gerne tun, ohne uns zu beklagen –, werden wir immerzu ausgelöscht und missachtet. Dieses Auslöschen ist keinesfalls rein zufällig oder bedauerlich. Es ist das übliche Vorgehen des Weißseins. Unter Gesichtspunkten des Menschseins und der weißen Weiblichkeit können Schwarze Frauen in erster Linie nur als Lasttiere gesehen werden, denn das ist die einzige Position, die uns unter dem gegenwärtigen Zuschnitt des Menschseins zur Verfügung steht. Da wir außerhalb der Grenzen des Menschseins und seiner besonderen Beziehungsgefüge der Fürsorge existieren, kann es für uns keine andere Rolle geben, als von Menschen ausgebeutet zu werden und ihnen zu Diensten sein zu müssen.

Wie ich bereits weiter oben anklingen ließ, wurde der Begriff Intersektionalität von weißen Frauen in Anspruch genommen und entsprechend besetzt. Intersektionalität hat die feministische Theorie und die feministische Politik revolutioniert, da das Konzept aufzeigt, inwieweit *race*, Klasse, Gender, Sexualität, *dis/ability* und Rechtsstatus einander konstituieren. Die Rechtstheoretikerin Kimberlé Crenshaw hat diesen Begriff geprägt, der aber bereits seit der Sklaverei das Rückgrat der Politik Schwarzer Frauen bildet.[17] Schwarze Aktivist:innen und Intellektuelle haben sich unter unzumutbaren Bedingungen bemüht, die besonderen Erfahrungen Schwarzer Frauen unter dem Einfluss von Kapitalismus, *White Supremacy* und Patriarchat in einer Theorie zu fassen.[18] Dennoch ist die Intersektionalität von weißen Frauen so nachhaltig für ihre eigenen Zwecke übernommen worden, dass Schwarze Frauen tatsächlich aus einem Konzept getilgt wurden, das wir für unsere eigene Befreiung hervorgebracht haben.[19] Genau das meint Hurston, wenn sie schreibt, Schwarze Frauen seien die Mulis der Welt.

Im vorliegenden Buch geht es darum, die Konturen des Nicht-Menschseins Schwarzer Frauen zu erfassen, dieses Nicht-Menschsein genauer zu beleuchten, darüber nachzusinnen, es zu beklagen und letzten Endes anzunehmen. Dies ist ein Buch über die Trauer um das Menschsein oder zumindest um meine falschen Auffassungen davon, was es bedeutet, Mensch zu sein – und was passiert, wenn wir dem Menschsein den Rücken zukehren. Was bedeutet Existenz überhaupt für Schwarze Frauen, ohne den Anker des Menschseins und den ewigen Kampf darum? Die große Philosophie des Westens hat sich damit befasst, wie sich die richtigen Tugenden, die richtige Veranlagung und der richtige Charakter entwickeln lassen, um das edelste und bestmögliche Selbst zu sein – um ein besserer Mensch zu sein.

Der Feminismus der Fliehenden ist der experimentelle Prozess der Auseinandersetzung mit dem Problem, wie man ›man selbst sein‹ kann, ohne Mensch zu sein. Können wir uns ein Selbst außerhalb des Menschen vorstellen? Sich vorzustellen, wie man jenseits der Binarität von Menschsein und Nicht-Menschsein existiert und lebt, könnte einen Ausweg aus dem Dilemma des modernen Individuums bieten, das von der Aufklärung und von der anthropozentrischen Weltanschauung der menschlichen Herrschaft über die Natur ersonnen wurde. Verstehen wir das Selbst als Teil einer Gemeinschaft und in Beziehung zu anderen Lebewesen auf diesem Planeten – sowohl innerhalb als auch außerhalb unseres Selbst –, als Teil eines ökologischen Systems, eröffnet sich eine andere Sichtweise auf das Menschsein und das Nicht-Menschsein. Da die Temperaturen weltweit aufgrund des Klimawandels weiterhin Rekorde brechen und diejenigen besonders stark beeinträchtigen, die ohnehin schon unter Mehrfachbelastungen leiden – insbesondere Frauen, die in den ärmeren Ländern leben –, müssen wir dringend das Menschsein auseinandernehmen, wenn wir Wege zu einem erträglichen Leben auf der Erde finden wollen.[20] Was könnte es dann also bedeuten, sich des Menschseins zu entledigen?

Die Theorien und Methoden des Schwarzen Feminismus sind schon seit langem unerlässlich für meine Analysen sozialer Beziehungen und für die Entwicklung kühner Visionen für eine neue Welt, dazu zählen u.a. die Werke von Intellektuellen wie Wynter, Audre Lorde, Angela Davis, Patricia Hill Collins, Gail Lewis und bell hooks, aber auch die Gedankenspiele einer Science-Fiction-Prophetin wie Octavia E. Butler. Der Feminismus der Fliehenden ist ein Portal, durch das in meiner Vorstellung Schwarze Frauen als erste den Weg in das Nicht-Menschsein finden, oder vielleicht in eine Zukunft, die jenseits des Menschseins liegt. Der Feminismus der Fliehenden ist sowohl das Versprechen als auch der Akt der Wiedergeburt des Selbst, er führt uns in eine andere Wirklichkeit, in der wir nicht länger durch die Prämissen des Menschseins eingeschränkt werden, die bislang unsere Freiheitsbemühungen geprägt haben: Indem wir ebenjener Sache den Rücken kehren, für die wir seit Generationen gekämpft haben – unsere Einbeziehung in das Frausein und Menschsein.

Mit all dem, was uns unsere Vormütter des Schwarzen Feminismus hinterlassen haben, um unsere Existenz neu zu denken, hat der Feminismus der Fliehenden das Potenzial für eine Zukunft, die weit offensteht. Hat man sich einmal vom Menschsein gelöst, eröffnen sich Möglichkeiten, sich freizumachen von Weißsein, Gewalt, kapitalistischer Anhäufung, Patriarchat, Gender-Binarität, erzwungener Heterosexualität, Ableismus und Klassismus. Was könnten wir alles erschaffen, wenn wir uns gemeinsam vom Menschsein entfernten? Die Möglichkeiten, dem Menschsein zu entfliehen, sind produktiv und schaffen Raum für eine Neuerfindung. Ich möchte den Vorgang erforschen, etwas anderes zu werden. Ich habe keine Antworten auf die Frage, was dieses ›andere‹ sein könnte, aber der Weg, den wir beschreiten, bringt uns vielleicht zu ihm. Es könnte nach Freude, Erholung, gegenseitiger Hilfe aussehen – all das ist so gut wie unvorstellbar im rassifizierten Kapitalismus, der von der Politik des Menschseins getragen wird.

Letzten Endes ist dies ein Buch der Verweigerung. Es ist die Weigerung, der Muli der Menschheit zu sein – die Weigerung, in Raum und Zeit gefangen zu bleiben, in der produktiven Arbeit oder auch den akademischen Konventionen. Die Möglichkeit des Feminismus der Fliehenden ist schwer fassbar und deutet eher auf eine Öffnung hin als auf etwas, das leicht vorhergesagt oder analysiert werden kann. Dieses Buch ist von der Anlage her zumeist spekulativ, es nimmt eine Perspektive ein, die sich der Abschottung von Träumen widersetzt. Es handelt von dem, was geschieht, wenn wir nichts zu wissen wagen, und es ist eine Einladung, gemeinsam zu spielen – und sich gemeinsam etwas auszumalen.

willst du nicht mit mir feiern[21] (1993)

Lucille Clifton

willst du nicht mit mir feiern
was ich zu einer Art von Leben geformt habe?
ich hatte keine Vorlage dafür.
hineingeboren in ein Babylon
nichtweiß und als Frau
wem konnte ich nacheifern als mir selbst?
ich habe es erfunden
hier auf dieser Brücke zwischen
Sternenlicht und Lehm,
mit einer Hand halte ich meine
andere Hand fest; komm und feiere
mit mir, dass jeden Tag
etwas versucht hat mich zu töten
und versagt hat.

1. Kapitel
Die Bedingungen der Gefangenschaft

Ein Flüchtender ist jemand, der flieht. Für diejenigen Schwarzen, die Nachfahren von versklavten Menschen sind, ist meiner Ansicht nach ein Teil unseres Erbes mit Gefangenschaft und Flucht aus der Gefangenschaft verbunden, darüber hinaus mit dem Traum, ein Flüchtender zu werden, gepaart mit der Hoffnung auf Freiheit und Selbstbestimmung. Ein Flüchtender ist jemand, der der allgegenwärtigen materiellen Gewalt der Sklavenwirtschaft und der symbolischen Gewalt unseres Status als nichtmenschlich Anderer entkommt, jener Andersartigkeit also, aus der Weißsein und Menschsein ihren Sinn und ihre Bestimmung beziehen. Mit anderen Worten: Flüchten ist eine Entfesselungskunst. Es ist ein wagemutiger und gefährlicher Akt der Selbstbefreiung. Es ist der Prozess, etwas anderes zu werden als das, was durch Gefangenschaft vorgegeben war.

Auf der Flucht zu sein bedeutet, eine Person im Schwellenbereich zu sein: Flüchtende stehen auf der Schwelle zwischen Freiheit und Unfreiheit, ohne einen der beiden Zustände ganz einzunehmen. Das Flüchten bietet auf seine eigene Weise den schwachen Trost seines prekären Wirkens an einem Ort des Übergangs. Der Akt des Fliehens hat einen Anfang, aber kein erkennbares Ende: Die Flucht ist ins Unbekannte gerichtet. Wir wissen nicht, was uns erwartet, was aus uns werden mag und was wir vielleicht werden, und so verkörpert die flüchtende Person Mutmaßungen und Möglichkeiten. Zu entfliehen bedeutet, eine

Frage zur Zukunft zu stellen; Flüchtende betreten Gefilde, die vielerlei Möglichkeiten des Lebens und Daseins bieten, entmutigt, aber nicht gebrochen von unerklärlichen Gewalttaten.

Cora, die Protagonistin in Colson Whiteheads *The Underground Railroad* (dt. *Underground Railroad*) kommt als Sklavin auf einer Plantage in Georgia zur Welt, von der sie mit fünfzehn Jahren flieht. Auf ihrer Suche nach Freiheit und Sicherheit steigt Cora in die Unterwelt hinab. Ihre Reise führt sie zu einem Tunnel einer echten Eisenbahn, die unterirdisch in Richtung der anscheinend ›freien‹ nördlichen Staaten verläuft. Sie fragt sich:

> Wer ist man, wenn man etwas so Großartiges fertiggestellt hat – bei seiner Errichtung hat man es zugleich durchfahren, bis auf die andere Seite. Am einen Ende steht, was man war, bevor man in den Untergrund ging, und am anderen Ende tritt ein neuer Mensch ins Licht hinaus […] Es gab nur noch die Dunkelheit des Tunnels und irgendwo vor ihr einen Ausgang. Oder ein totes Ende […].[1]

Als Flüchtende existiert Cora in einem Übergangsstadium: Sie ist unter der Erde, *undercover* und in den Grenzregionen des Lebens. Da versklavte Menschen fungibel waren – sie sind zur Ware gemacht und darauf reduziert worden, jemandes Eigentum zu sein –, bedeutet auf der Flucht zu sein darüber hinaus, dass man in gewissem Sinne ein Anti-Kapitalist ist.[2] Das Fliehen ist ein Akt der De-Kommodifizierung und der Verweigerung des rassifizierten Kapitalismus, der den Wert aus den Körpern der Schwarzen gewaltsam herauszieht. Wie wir anhand von Coras Flucht sehen, ist Flüchten von großen Verheißungen und noch größeren Gefahren durchdrungen: Wer ins Ungewisse flieht, wird von der Möglichkeit terrorisiert, wieder eingefangen, brutal misshandelt und ausgelöscht zu werden.

Aber Schwarze sind nicht mehr versklavt, die Plantagenwirtschaft ist zerstört worden und wir haben angeblich Rechte und Freiheiten. Wie kann es möglich oder vertretbar sein, überhaupt über Versklavung und Flucht zu diskutieren in Bezug auf zeitgenössische Erfahrungen von Schwarzen? An diesem Punkt müssen wir die materiellen Bedingungen des heutigen Lebens der Schwarzen und die Bedeutung von Gefangenschaft und Bewegung ernstnehmen. Die Bewegung der Flüchtenden beschwört, metaphorisch gesprochen, Bilder und Träume von Flucht und Freiheit herauf. Tatsächlich zeigt das Fortbestehen der Gefangenschaft, wenn auch in unterschiedlichen Ausprägungen, dass Mobilität Menschen mit unterschiedlichen rassifizierten und dokumentierten Status ungleichmäßig und ungleich zur Verfügung steht. In ihrer Abrechnung mit afrikanischer Gefangenschaft auf dem amerikanischen Kontinent argumentiert Saidiya Hartman[3] in ihren Studien zu den »Nachwirkungen der Sklaverei«, dass die Plantagenwirtschaft in den Beziehungen zwischen Menschen und nichtmenschlichen Anderen weiterlebt.

Sowohl die Vereinigten Staaten als auch Großbritannien, die Länder, die ich am besten kenne und über die ich in diesem Buch sprechen werde, beruhen auf hierarchischen Ausgrenzungen, die Schwarze ans untere Ende der Gesellschaft stellen. Die Armutsstatistiken beider Länder sprechen für sich. Schwarze leben mit größerer Wahrscheinlichkeit in Armut und mühen sich im Niedriglohnsektor ab, mit wenig Hoffnung darauf, etwas anzusparen und sich eine stabile Zukunft zu sichern. Selbst wenn man die unterschiedliche Klassenzugehörigkeit Schwarzer in Betracht zieht, sind Schwarze mit größerer Wahrscheinlichkeit arbeitslos oder unterbeschäftigt und werden schlechter bezahlt als ihre weißen Kolleg:innen, die über ein ähnliches Ausbildungsniveau verfügen. Wenn wir uns die Schnittstelle von *race*, Klasse und Gender genauer besehen, stehen Schwarze Frauen am unteren Ende des Arbeitsmarkts. Sie müssen sich mit Diskriminierung, beruflicher Segregation und anhaltenden genderspezifischen und rassenbedingten Lohn- und Vermögensunterschieden auseinandersetzen. Infolgedessen leben in Großbritannien fast 50 Prozent aller Schwarzen Haushalte in Armut, während in den Vereinigten Staaten 18 Prozent der Schwarzen Haushalte in Armut leben. In beiden Ländern sind diese Zahlen mehr als doppelt so hoch wie die der betroffenen weißen Haushalte.[4] Die Plantagenwirtschaft ging nie zu Ende, sie hat sich nur angepasst und in alltägliche Armut, Prekarität und Verwundbarkeit verwandelt.

Sylvia Wynter bezeichnet diese Ungleichheiten, die sich aus bestimmten Konstruktionen von *race*, Klasse und Gender ergeben, als Klassifizierungslogik, die sie unmittelbar mit Beziehungen der Solidarität, des Kameradschaftsgefühls und der moralischen Verpflichtung verbindet. Aus Wynters Sicht bedeutet Menschsein, an einem sozialen Netz der Fürsorge teilzuhaben; aus der Kategorie des Menschseins ausgeschlossen zu sein bedeutet wiederum, den unreflektierten, banalen und allgegenwärtigen Verrohungstendenzen des alltäglichen Lebens im Kapitalismus, der *White Supremacy* und dem Patriarchat ausgesetzt zu sein. Die gegenwärtige Dynamik Schwarzer Gefangenschaft kann demzufolge als jenes allzu menschliche Wissenssystem und als eine Art des Daseins verstanden werden, die das Leben Schwarzer auch heute noch prägt.

Sich um das Wohlergehen anderer zu kümmern, ist eine Praxis, die allein Menschen zugutekommt. Migrant:innen aus Afrika, Asien und dem Mittleren Osten unternehmen gefahrvolle Fahrten über das Mittelmeer und den Ärmelkanal, in der Hoffnung auf einen sicheren Hafen. Ihre leichten Boote werden von Wellen überrollt und sinken, oder sie werden, was noch schlimmer ist, von Militärschiffen aufgehalten und zurückgeschickt. Die Überwachung der Grenzen der Festung Europa ist ein Beispiel dafür, wie schutzbedürftigen Menschen, die als nichtmenschliche Andere kategorisiert werden, Fürsorge vorenthalten wird. Das haben Nationalstaaten institutionalisiert, die doch durch das internationale Recht dazu verpflichtet sein sollten, die Menschenrechte derjenigen zu schützen, die vor Verfolgung und Not fliehen. Wir müssen uns darüber hinaus klarmachen, dass der Zustand des nichtmenschlichen Anderen veränderlich und unzuverlässig ist. Nichtschwarze Andere können mitunter den Status des Menschseins erreichen, oftmals auf Kosten der Schwarzen, aber sie können sich ihres menschlichen Status nie ganz sicher sein.

Damit sich Menschen oder der Staat um Andere kümmern können, ist die Entwicklung einer politischen Vorstellungskraft erforderlich, die das Leben der am stärksten Ausgegrenzten wertschätzt: der nichtmenschlichen Gefangenen. Man beachte in Großbritannien die demoralisierende Debatte über die Bereitstellung kostenloser Schulmahlzeiten an bedürftige Kinder während der Schulferien. Mit Unterstützung des Fußballers Marcus Rashford, der selbst in ärmlichen Verhältnissen aufgewachsen war, wurde der bescheidene Vorschlag gemacht, kostenlose Mahlzeiten für bedürftige Kinder auch während der Ferien anzubieten, um Kinder vor dem Verhungern zu bewahren. Doch konservative Minister weigerten sich, die Schulspeisung auszuweiten, und sie rechtfertigten ihre Grausamkeit damit, dass die Mahlzeiten für bedürftige Kinder verhindern würden, dass die Eltern selbst Verantwortung übernähmen, und dass sie die armen Haushalte noch abhängiger vom Staat machen würden. Rashford organisierte daraufhin ein alternatives System für die Verteilung der Mahlzeiten, und zwar über karitative Einrichtungen und private Verbände, bis sich die Regierung nach wochenlanger Weigerung doch noch zur Unterstützung seines Vorschlags durchrang. Die Ausweitung einer essenziellen Dienstleistung zur Ernährung hungriger Kinder in unserer Gesellschaft ist das Mindeste, was wir tun können. Rashfords Kampagne war zwar lobenswert, führte aber nicht zum Sieg. Stattdessen folgte eine schonungslose und allzu öffentliche Zurschaustellung von Macht, denn es zeigte sich, dass der Staat Fürsorge jederzeit einfrieren kann und dass nur einige wenige Privilegierte sicher darauf vertrauen können.

Die Rashford-Affäre ist entscheidend, zeigt sie doch, inwieweit die Grenzen des Menschseins unter ständiger Beobachtung und Kontrolle stehen. Da Schwarze und asiatische Haushalte mit größerer Wahrscheinlichkeit in Armut leben, würde die Ausweitung kostenloser Schulmahlzeiten in unverhältnismäßiger Weise armen Schwarzen und Braunen Kindern helfen. Da die meisten mittellosen Kinder in

England und Wales jedoch weiß sind, wirft die öffentliche Zurschaustellung der konservativen Regierung in Hinblick auf unterlassene Hilfeleistung für arme Kinder essenzielle Fragen über die Konturen des Menschseins auf, oder genauer gesagt die Frage, welche weißen Menschen nur bedingt als Menschen zählen. Auch das Weißsein ist hierarchisch und ausgrenzend, und es gibt keine Garantie, die armen Menschen und Menschen aus der Arbeiterklasse den Status des Menschseins innerhalb des Weißseins sichert. Ein Beispiel ist die wahllose Dämonisierung von Osteuropäern, bei der ›der problematische polnische Klempner‹ und der ›als störend empfundene Rumäne‹ gleichzeitig mit dem heroischen Ukrainer existieren, der begeistert in Westeuropa willkommen geheißen wird. Man beachte darüber hinaus, wie weiße Jungen der Arbeiterklasse in der Position eines ›verrohten Jugendlichen‹ gefürchtet werden, sie lassen sich aber auch symbolisch als ›die Vergessenen‹ und ›Abgehängten‹ mobilisieren, um sie als Waffe gegen jegliche Bestrebungen der Rassengerechtigkeit einzusetzen. Das Weißsein oszilliert ständig, um ganz im eigenen Interesse einzuschließen und auszugrenzen, damit es die rassifizierte Ordnung der Dinge aufrechterhalten kann.

In Großbritannien und den Vereinigten Staaten bleiben Schwarze in der weißen Vorstellungswelt und deren Erscheinungsformen in den Instrumenten der Staatsmacht weiterhin gefangen. Als Verneinung des Menschseins und als zentraler Gegenspieler, der dem Menschsein erst Bedeutung verleiht, stellt die Existenz der Schwarzen einen Widerspruch dar: Sie ist entbehrlich, aber gleichzeitig essenziell für das Selbstverständnis des Menschseins. Folglich ist ein konstitutives Element des Schwarzseins, neben dem Gefangensein und der Flucht, die Ambivalenz. Mit Ambivalenz meine ich die Erfahrung und Emotionen des Widersprüchlichen, aber auch die Spannungen und den Konflikt, die sich aus diesem gegensätzlichen Seinszustand ergeben.

In den Vereinigten Staaten und in Großbritannien sind ein unverhältnismäßig hoher Anteil der Menschen, die an den Folgen von COVID-19 starben, Schwarze oder Braune. Diese Todesfälle resultieren aus den bestehenden wirtschaftlichen und gesundheitlichen Ungleichheiten, die der rassifizierten Hierarchie zugrunde liegen. Schwarze und Braunhäutige hatten schon von vornherein aufgrund des Kapitalismus der *White Supremacy* einen schlechteren Gesundheitszustand und starben früher; COVID-19 beschleunigt lediglich Prozesse, die schon lange laufen. Schwarze und Braune Menschen der Arbeiterklasse wurden in der Frühphase der Pandemie und des Lockdowns in einen Zustand des Ambivalenten gedrängt. Arbeitende, die zuvor unsichtbar waren und kaum beachtet wurden – Köch:innen, Reinigungskräfte, Zustellfahrer:innen – wurden über Nacht in ›systemrelevante Arbeitskräfte‹ verwandelt, obwohl sie sich mit größerer Wahrscheinlichkeit infizierten und starben, da sie dem Virus sehr viel stärker ausgesetzt waren, aufgrund unsicherer Arbeitsbedingungen, überfüllter Wohnungen und geringerem Zugang zu Grünflächen.[5] Gegen Ende des ersten Jahres der Pandemie in Großbritannien veröffentlichte das Nationale Statistikamt einen Bericht, der besagt, dass »die COVID-19 Sterblichkeit von Menschen schwarzafrikanischer oder schwarzkaribischer Herkunft […] ein- bis zweieinhalbmal so hoch war wie bei Menschen weißer Ethnie.« Zwischen dem Beginn des

Impfprogramms im Dezember 2020 und dem ungefähren Ende der Zweiten Welle im Juni 2021 war die Sterblichkeitsrate bei COVID-19 am höchsten bei »der ethnischen Gruppe der Bangladescher (5 mal höher als in der Gruppe der weißen Briten bei den Männern und 4,5 mal höher bei den Frauen), gefolgt von der pakistanischen (3,1 bei den Männern, 2,6 bei den Frauen) und der ethnischen Gruppe der Schwarzafrikaner (2,4 bei den Männern, 1,7 bei den Frauen).«[6] Die Zahlen verdeutlichen es: Die moralische Verpflichtung zur Fürsorge geht nur in eine Richtung – zu jenen, die als menschlich eingestuft werden –, während alle Anderen durch ihre Sorgearbeit gefährdet sind.

Ein erneuter Blick auf Gilmores Definition von Rassismus als »staatlich sanktionierte und/oder legale Produktion und Ausbeutung gruppendifferenzierter Anfälligkeiten für einen vorzeitigen Tod« offenbart die rassifizierte Dynamik von COVID-19 und verdeutlicht, wie diese Todesfälle im breiteren Kontext einer systemischen Ungleichheit produziert werden, die die Sterblichkeit nur beschleunigen kann. Zeitgleich mit der ersten Welle der Pandemie und dem Lockdown kam es amerika- und europaweit zu Protesten gegen Polizeigewalt, ausgelöst durch den Mord an George Floyd durch den Polizeibeamten Derek Chauvin in Minneapolis, Minnesota, am 25. Mai 2020. Polizeieinheiten setzten häufig Tränengas und Pfefferspray gegen Demonstranten ein. Vor dem Hintergrund einer Pandemie mit einem Virus, das hauptsächlich die Lunge angreift, offenbart die Entscheidung, die Black-Lives-Matter-Demonstranten mit chemischen Waffen ins Visier zu nehmen, welch unreflektierte Brutalität an den Tag gelegt wurde. Es ist leicht zu verstehen, warum die Worte »Ich kann nicht atmen« – die

Eric Garner vor seiner Tötung durch die Polizei in New York im Jahr 2014 sagte und die von Floyd wie von vielen anderen über die Jahre hinweg aufgegriffen wurden – die Bewegung mit einem solchen Widerhall begleiteten. In einem Gespräch mit dem Kulturtheoretiker und Soziologen Paul Gilroy im ersten Sommer der Pandemie stellte der Philosoph und Politikwissenschaftler Achille Mbembe fest:

> [W]as wir hier beobachten oder was uns jedenfalls klarer geworden ist seit dem Tod von George Floyd, ist die Verflechtung – ich würde sagen, die Kombination zweier Geschichten – die Geschichte des Coronavirus mit der rassifizierten Disparität von Todesfällen, die es ausgelöst hat, und die Geschichte von rassistisch motivierter Gewalt – beide Geschichten haben mir auf jeden Fall die Bedeutung des nach Luft Ringens, des Kampfes zu atmen, der Teil unserer Tradition und unserer Kämpfe ist, noch bewusster gemacht als zuvor.[7]

»Das Ringen nach Luft, der Kampf zu atmen«, beides verkörpert die Politik des Kampfes, als nichtmenschlicher Anderer zu leben. An dieser Stelle ist es unerlässlich, sich dem Kampf um das Leben gegen die gefängnishaften Strukturen anzuschließen, die darauf ausgerichtet sind, Schwarzen die Luft abzudrücken. Dank der unermüdlichen Arbeit von Forscher:innen und Aktivist:innen des Schwarzen Feminismus wie etwa Dorothy Roberts, Ruth Wilson Gilmore und Mariame Kaba wissen wir, dass Schwarze häufiger von der Polizei angehalten, einer Straftat beschuldigt und zu längeren Haftstrafen verurteilt werden als Weiße. Michelle

Alexander bezeichnet diese krasse Dehumanisierung als »New Jim Crow«: als eine Möglichkeit, bestimmte Bedingungen der Sklaverei und Apartheid nach ihrer formalen Abschaffung wieder einzuführen.[8] Die massenhafte Inhaftierung, herbeigeführt durch die Kriminalisierung und übermäßige Überwachung Schwarzer durch den amerikanischen Staat seit den 1970er Jahren, ist ein direktes Erbe der Sklaverei. Ermöglicht wurde sie durch den 13. Zusatzartikel zur Verfassung der Vereinigten Staaten, der Sklaverei verbietet »außer als Strafe für ein Verbrechen«. Somit hat der Staat die Macht, Gefängnisinsassen auszubeuten, die Konzernen und Rüstungsunternehmen für wenig oder gar kein Geld als Arbeiter zur Verfügung stehen. Diejenigen, die sich dieser Zwangsarbeit widersetzen, kommen in Isolationshaft, wie im Fall von Kevin Rashid Johnson, einem Mitbegründer der New African Black Panther Party. Er schrieb 2018 in einem Artikel im *Guardian*: »Die Sklaverei endete nie in diesem Land. 1865, am Ende des Bürgerkrieges, wurde der 13. Zusatzartikel zur Verfassung der Vereinigten Staaten eingeführt. Nach den Bestimmungen wurde die Sklaverei nicht abgeschafft; sie wurde lediglich reformiert.«[9]

Kehren wir noch einmal zu der Vorstellung zurück, dass mit der Fürsorge für Menschen die Schädigung Anderer einhergeht. Schwarze Strafgefangene sind bedeutsam für die Wirtschaft bestimmter weißer Communities. In ländlichen Gebieten in den Vereinigten Staaten schaffen Gefängnisse Arbeitsplätze, und inhaftierte Schwarze Körper – nicht ihre Gedanken, Herzen oder Seelen – werden auch bei dem alle zehn Jahre stattfindenden Zensus in den USA als Teil der Bevölkerung gezählt. Auf diese Weise werden

Bundesmittel in Städte mit weißer Bevölkerungsmehrheit gelenkt, die deren lokale und konservative Vertretung im Kongress künstlich verstärken. Wie Robert Alexander, ein Inhaftierter in Wisconsin, feststellte: »Sehen Sie es mir nach, wenn ich das nicht ganz so zum Ausdruck bringen kann, wie ich es gern wollte, aber das ist fast so, als würde dein Körper benutzt.«[10] Unter dem System der Masseninhaftierung ist offenkundig, wie die Gefangenschaft im alltäglichen Leben aussieht. Die inhaftierten Körper Schwarzer Gefangener werden umgewandelt in Dollars, in politische Macht und die Zukunft der Weißen.

Schwarzes Leben existiert unter Bedingungen des Paradoxen, des Widersprüchlichen und des Begleitrisikos – das ist damit gemeint, in einem Zustand der Ambivalenz zu leben. Wir wissen, dass *race* erfunden und uns aufgezwungen wurde, um uns herabzuwürdigen, zu versklaven und auszubeuten, und trotzdem wissen wir auch, dass wir die Kontrolle darüber erlangt haben, was Schwarzsein zu sein vermag, und es mit verschiedenen Bedeutungen versehen haben, sodass Schwarzsein für Schwarze überall auf der Welt ein Raum der Solidarität, Care und der radikalen Politik sein kann. Das ist die Verheißung und die Herausforderung des ambivalenten Zustands – die nie endende Aufgabe, innere und äußere Welten zu verhandeln und zuzulassen, dass diese Spannung, dieser Missklang, uns zu neuen und unerwarteten Orten führt.

Ambivalenz muss nicht immer als unbequemer Zustand widersprüchlicher Emotionen erlebt werden, den wir vermeiden oder schnell auflösen möchten. Zwei gegensätzliche Vorstellungen im Kopf zu haben und diese Spannung auszuhalten, kann uns dabei helfen, uns selbst für neue

Möglichkeiten zu öffnen. Die Neugestaltung der Ambivalenz bietet Raum für Experimente des Werdens – einen Schwellenbereich der Revision, der Spekulation und der Neubewertung unserer selbst und unseres Platzes in der Welt – sowie Gelegenheit für andere Optionen des Handelns und Seins – außerhalb des menschlichen Bezugssystems. Denn das ist es, was Schwarzsein letzten Endes ausmacht.

Wir können uns in Ambivalenz üben, indem wir mit nichtlinearen Narrativen über unser Leben experimentieren. Sobald wir die vorherrschenden Geschichten zurückweisen, die über uns erzählt werden, sowohl individuell als auch kollektiv, sind wir imstande, unsere Vergangenheit und Gegenwart neu zu interpretieren sowie die Zukunft zu gestalten. Dies ist eine entscheidende Lektion des Schwarzen Feminismus. Durch Gegenerzählungen vermitteln wir andere Geschichten über uns selbst und sprechen uns damit gleichsam ins Sein. Es handelt sich um ein radikales Experimentieren, das durch einen von Ambivalenz geprägten Prozess des Werdens umgesetzt wird: Verzögerung, Wiederholung, durch ein Noch-nicht, Vielleicht – und ein Muss. Tina Campt, Schwarze Feministin und Theoretikerin der visuellen Kultur und zeitgenössischer Kunst, argumentiert wie folgt:

> Die Grammatik der Zukunft des Schwarzen Feminismus ist eine Performance einer Zukunft, die sich noch nicht ereignet hat, sich aber ereignen muss [...] Es handelt sich um die Kraft, sich etwas über die gegenwärtigen Fakten hinaus vorzustellen und sich das auszumalen, das nicht da ist, aber da sein muss. Es ist eine Politik

> des Prototypischen, die darin besteht, die Zukunft jetzt zu leben […] als ein Streben nach der Zukunft, die man genau jetzt in der Gegenwart sehen möchte.[11]

Der Akt, die Zukunft dadurch herbeizuführen, dass man sie sich vorstellt, hilft uns dabei, die Vergangenheit zu überdenken. Betrachten wir die radikale narrative Praxis des Archivprojekts Remembering Olive Collective[12] (ROC). Dieses Netzwerk von Schwarzen, Weißen und Asiatischen feministischen Aktivist:innen in London bewahrt, archiviert und digitalisiert Texte der britischen Schwarzen Feministin, Anti-Imperialistin und Sozialistin Olive Morris. Bevor diese Feministinnen tätig wurden, gab es keine zentral aufbewahrten, katalogisierten und öffentlich zugänglichen Aufzeichnungen über Morris. Dabei ist deren Arbeit von zentraler Bedeutung für die Entwicklung des britischen Schwarzen Feminismus und Anti-Imperialismus in den 1970er und 1980er Jahren. Durch die Archivierungsarbeit verleiht das ROC Morris wieder eine Stimme und verändert das Narrativ des britischen Schwarzen Feminismus. Olive Morris' zu gedenken bedeutet, dass wir darüber hinaus die panafrikanistischen, sozialistischen und antiimperialistischen Wurzeln des britischen Schwarzen Feminismus erkennen. Olive Morris' zu gedenken, hilft uns zu verstehen, wie Intersektionalität innerhalb der Graswurzelbewegung in London praktiziert wurde, und zwar lange bevor der Begriff vom amerikanischen Schwarzen Feminismus geprägt wurde. Olive Morris' zu gedenken, hilft uns dabei, Solidarität aufzubauen: Das Gedenken an vergangene Kämpfe verleiht den kollektiven Bemühungen der Gegenwart neue Bedeutungen und Zielvorgaben für eine Zukunft, die durch die Veränderung vergangener Aufzeichnungen möglich wird. Das Eingehen auf Ambivalenz und Liminalität, also auf die Bedingungen, unter denen Schwarze als nichtmenschliche Andere zurechtkommen, öffnet die Tür für Möglichkeiten – für eine andere Art des Wissens und des Seins, um uns selbst und unsere Welt neu zu gestalten. Ambivalenz und Liminalität helfen uns, den Bedingungen unserer Gefangenschaft zu entkommen.

Exkurs
Das Menschsein besetzen: Über Phillis Wheatley

Phillis Wheatley war die erste Schwarze amerikanische Frau, die einen Gedichtband veröffentlichte, die *Poems on Various Subjects, Religious and Moral* (1773). Wheatley galt in dem Haushalt, in dem ich aufwuchs, als eine überraschend umstrittene Gestalt. Meine Großmutter pries Wheatley für ihre Bildung und Anmut; sie wurde mir immer als Vorbild präsentiert, dem ich in der Schule und im Leben nacheifern sollte. Meine älteste Schwester Ngozi jedoch, bereits in jungen Jahren die Radikale in der Familie, hat Wheatley immer abgelehnt, da sie ihr zu unterwürfig und weißen Menschen gegenüber zu dankbar für ihre Erziehung und Freiheit war. Dass meine Schwester Wheatley immer einer kritischen Lesart unterzogen hat, die in einer bestimmten Schwarzen radikalen Tradition geteilt wird, ist der Grund, warum ich sie so faszinierend finde.

Wir wissen nicht, wann und wo Wheatley zur Welt kam.[13] Historiker:innen vermuten, dass sie Anfang oder Mitte der 1750er Jahre geboren wurde, vielleicht in Westafrika. Sie wurde gefangen genommen, versklavt und 1761 im Alter von sieben Jahren nach Boston, Massachusetts, verschleppt, in eine britische Kolonie. Ihr Name leitet sich ab von dem Sklavenschiff *The Phillis*, auf dem sie transportiert wurde, und die Sklavenhalterfamilie, die sie käuflich erwarb, hieß Wheatley: ›Phillis Wheatley‹ ist also ein Scheinbild, ein Konstrukt, das von ihren Sklavenbesitzern zusammengefügt wurde. Mich reizt der Versuch, die namenlose Frau zu verstehen, die sich hinter diesem Ersatznamen verbirgt. Ihres wahren Namens und ihrer Geschichte beraubt, schwebt, kreist und gleitet sie immer noch durch Zeit und Raum, um in mir ein Gefühl davon zu erzeugen, was der Zustand des Fliehens heutzutage bedeuten könnte.

Die Geschichte von Wheatley stellt einen großen Propagandasieg der noch sehr jungen Vereinigten Staaten dar, da das Beispiel von Wheatley den selbstgeschaffenen Mythos vom Land der unbegrenzten Möglichkeiten bekräftigt. Wheatleys Biographie wird für gewöhnlich so wiedergegeben: Die wohlhabenden und fortschrittlichen Wheatleys, ihre Besitzer, galten als ›gute‹ Sklavenhalter. Sie wurde gekauft als Bedienstete und Gesellschafterin für Susanna, die Ehefrau. Die Wheatleys erkannten Phillis' unglaubliches Talent und förderten die junge Frau, indem sie ihr Lesen und Schreiben beibrachten, sowohl auf Englisch als auch in den klassischen Sprachen Latein und Griechisch. Sie ermöglichten ihr eine liberale humanistische Erziehung, die weit über ihre Stellung hinausging. Und tatsächlich war ihre Bildung sogar gleichwertig mit der von reichen weißen Männern, die über Grundbesitz verfügten. Phillis hatte Zugang zur hohen Literatur und ließ sich dazu inspirieren, Gedichte zu schreiben, allerdings war kein Verlag in Boston bereit, das Werk einer versklavten Frau zu veröffentlichen. Angesichts der Zensur der Bostoner Presse reisten die Wheatleys mit Phillis nach London, wo mit Unterstützung von britischen Abolitionisten ihr erster Gedichtband veröffentlicht wurde. Nach dem Tod ihrer Besitzerin Susanna und der Veröffentlichung ihres Buches ließen die Wheatleys sie frei.

Im kolonialen Amerika kam Wheatleys Werk einer Sensation gleich; eine Zeit lang war sie eine literarische Berühmtheit – wenn auch in sehr begrenztem Umfang. Ihr bekanntestes Gedicht, »On Being Brought From Africa to America« (1773), zeigt deutlich ihre Liminalität zwischen Unterwerfung und Rebellion:

[Über die Verschleppung von Afrika nach Amerika (1773)][14]

Gnade entriss mich meinem *Heidenland*
Und lehrte meine tumbe Seel Verstand:
Es ist ein Gott, es ist ein *Retter* gar.
Ich wusst zuvor nicht, was Erlösung war.
Wir Schwarzen werden meistens nur verhöhnt.
»In Teufelsfarb ist ihre Haut getönt.«
Vergesst nicht, *Christen, Schwarze*, schwarz wie *Kain*,
Können sich läutern, können Engel sein.

Gleich das erste Couplet verdeutlicht, warum meine Schwester Hohn und Spott für sie übrighatte: Wheatleys Ablehnung ihrer Afrikanität und ihre vermeintliche Dankbarkeit dafür, dass sie entführt und versklavt wurde, um dann unter Zwang zum Christentum bekehrt zu werden, bereiten beim Lesen ein gewisses Unbehagen. Aber wenn wir weiterlesen, sehen wir, dass Wheatley ihr Menschsein und ihre Gleichheit geltend macht. Sie glaubt nicht an die Minderwertigkeit der Schwarzen, sondern argumentiert, dass Schwarze mit Zugang zu der Art von Bildung, die sie genossen hat, gottgleich sein können. Einen weiteren flüchtigen Einblick in die Subjektivität der Fliehenden vermittelt eines ihrer weniger bekannten Gedichte. »On Imagination« bietet einen Einblick in ihr Innenleben und wie es hätte sein können, wenn sie nicht versklavt worden wäre:

Über die Einbildungskraft[15]

Einbildungskraft, wer kann dein Walten preisen?
Und wer kann deinen schnellen Kurs beweisen?
Schwebend auf Suche nach der hellen Statt,
Der Himmelsfestung von dem Donnergott,
Trägt uns dein Flügel höher als der Wind,
Bis wir dem Weltall weit entflohen sind:
Es schweift von Stern zu Stern das Aug des Geists,
Das Höhen misst, und's Himmelreich umreißt.
Und jäh das große Ganze uns begegnet,
Das unsre [entfesselte] Seel mit neuen Welten segnet.

Bewegung – ein wiederkehrendes Anliegen im Feminismus der Fliehenden – kommt durch die Figuren in »On Imagination« und das wahrnehmende ›Wir‹ zum Ausdruck, die sich mit Wheatley auf die Reise begeben können, »Bis wir dem Weltall weit entflohen sind.« Die letzte Zeile dieses Auszugs endet mit der mehrdeutigen *unbounded soul* (›entfesselten Seele‹), was hindeuten könnte auf eine Person, die ihrer Vorstellungskraft freien Lauf lässt oder sich vom Sklavendasein befreit hat: eine Fliehende.

Phillis Wheatley wurde ausgebeutet und war einem herablassenden *White saviorism* (›weißem Heilsbringerdenken‹) ausgeliefert, dem sie lediglich als eine Annäherung an das Menschsein galt – eine Pantomime des Weißseins. Nachdem ihre Nützlichkeit voll ausgeschöpft war, wurde sie verstoßen. Der Teil ihrer Geschichte, der nur selten erzählt wird, ist, dass ihre Wohltäter nach Wheatleys Freilassung starben und ihr nichts hinterließen. Im Jahr 1784 fristete Wheatley ein prekäres Leben als Hausangestellte; sie starb in Armut, genau wie ihr kleiner Sohn. Eine, die Phillis' letzte Tage miterlebte, hat festgehalten, in welcher Verfassung sie sich befand:

> Sie litt unter dem Mangel an Aufmerksamkeit, es fehlte ihr an vielen Annehmlichkeiten und an der, die man auf dem Krankenlager am nötigsten hat – Sauberkeit. Sie befand sich in einem Zustand, der zu abscheulich war, um ihn zu beschreiben [...] in einer schmutzigen Wohnung, in einem obskuren Teil der Großstadt [...] Die Frau, die im Beisein der Weisen und Guten geehrt und respektiert wurde [...] zählte die letzten Stunden ihres Lebens in einem Zustand tiefsten Elends, umgeben von all den sichtbaren Zeichen einer schäbigen Armut![16]

In gewisser Hinsicht hatten meine Großmutter und meine Schwester beide Recht, was Wheatley betrifft. Es ist absolut unerlässlich, Wheatley als Genie zu begreifen, als eine Frau von überragendem Intellekt und literarischem Talent, die ihre Bildung voll ausschöpfte, um unter den Bedingungen der Versklavung anders zu denken und ihrer Vorstellungskraft freien Lauf zu lassen. Doch Wheatleys Wohltäter schränkten sie in ihren Handlungsmöglichkeiten drastisch ein, und sie vermochte ihr Talent nur so einzusetzen, dass es bisweilen die *White Supremacy* noch verstärkte. Wheatley ist zwar aufgrund ihres radikalen Beharrens auf ihrem Menschsein fest im Kanon des amerikanischen

Schwarzen Feminismus verankert, aber ich sehe sie als eine Schlüsselfigur des Feminismus der Fliehenden, und zwar wegen ihrer Widersprüchlichkeiten, ihrer Ambivalenz und wegen ihrer subtilen Akte der Rebellion, in denen sie sich andere Wirklichkeiten für ihre »entfesselte Seele« ausmalte.

2. Kapitel
Der Feminismus der Fliehenden: Hoffnung und Verweigerung

Feminismus ist durchdrungen von Mutmaßungen über das Menschsein. Mehr als vierzig Jahre lang vertrat bell hooks die Auffassung, man habe den Kampf um Befreiung grundlegend missverstanden, wenn man Feminismus als die bloße Gleichstellung von Frauen und Männern definiere. Sofern wir uns dafür entscheiden, uns derartiger minderwertiger Vorstellungen von Feminismus und Gleichstellung zu bedienen, fragt hooks zugespitzt: Mit welchen Männern wollen Frauen denn gleichgestellt sein? Implizit sei der Wunsch nach ›Gendergerechtigkeit‹ nur der Wunsch, dass (weiße) Frauen genauso viel Macht erlangen und ausüben können wie weiße Männer. hooks bietet ein alternatives Verständnis von Feminismus an, nicht als Politik des Ausgrenzens und der Fortsetzung von Gewalt, sondern als etwas insgesamt Hoffnungsvolleres und sehr viel Komplexeres:

> Feminismus ist der Kampf darum, der sexistischen Unterdrückung ein Ende zu setzen. Deshalb ist er notwendigerweise ein Kampf darum, die Ideologie der Dominanz auszumerzen, die die westliche Kultur auf mehreren Ebenen durchdringt. Darüber hinaus tritt er ein für eine Umstrukturierung der Gesellschaft, damit die Selbstentfaltung der Menschen Vorrang hat vor Imperialismus, ökonomischer Expansion und materiellen Wünschen.[1]

Aus der Sicht von hooks ist Feminismus eine hoffnungsvolle Politik, um hierarchischer Vorherrschaft ein Ende zu setzen. Erstens begreift sie Feminismus als einen Konflikt: Wir können unseren Weg in die Freiheit nicht mit unseren Unterdrückern aushandeln; der Prozess und die Praxis der Befreiung sind voller Streit, Zwietracht und Unsicherheit. Feminismus ist ein Kampf gegen diese Konzepte, Techniken und Menschen, die danach trachten, unser Leben einzuschränken, uns in unserer Freiheit und unseren Möglichkeiten zu beschneiden. Zweitens führt hooks an, dass die hegemonialen Konstrukte der Geschlechter und ihrer Beziehungen weder bei Männern und Frauen noch denjenigen greifen, die die Gender-Binarität insgesamt ablehnen. Konstrukte von Maskulinität und Femininität sind Fallen, die uns dazu zwingen, auf eine Art und Weise zu denken und zu handeln, die unsere Herzen abtötet und uns uns selbst entfremdet. Unter dem gegenwärtigen Gender-Regime der rassifizierten Hierarchie, Klassenzugehörigkeit und Heteronormativität kann niemand wirklich frei sein. Laut hooks kann eine umfassende feministische Politik die ineinandergreifenden Unterdrückungen von *race*, Klasse, Gender, Sexualität und *dis/ability* benennen und erhellen; sie kann unterschiedliche Menschen zusammenbringen, damit diese sich für die Befreiung aller einsetzen.

Alle zu befreien, ist das Ziel, wie uns das Combahee River Collective in Erinnerung ruft.

Obwohl Feminismus mit der Politik des Menschseins verbunden ist, zeigt uns hooks einen Weg auf, Feminismus mit dem Zustand des Fliehens in Einklang zu bringen. Wenn wir Feminismus als etwas verstehen, das sich nicht allein auf Gender beschränkt – da Gender von *race*, Klasse,

Sexualität und *dis/ability* mitkonstituiert wird –, und ihn als einen Prozess begreifen, um die Vorherrschaft im institutionellen und alltäglichen Leben abzubauen, kann das eine Anleitung dafür liefern, was die Politik Fliehender sein könnte. Allerdings stellt sich weiterhin die Frage nach dem Subjekt dieser Art von Feminismus. Wie konstituieren wir die Flüchtenden im Feminismus der Fliehenden?

Die wichtigste, wenn auch kontraintuitive Lehre, die ich aus dem Schwarzen Feminismus ziehe, lautet, dass wir Schwarzen Frauen nicht versuchen können, uns das Frausein anzueignen und die Femininität auf uns übertragen zu lassen. Die intellektuelle und aktivistische Geschichte des Schwarzen Feminismus erzählt immer wieder davon, wie Schwarze Frauen Befreiungskämpfe anführen, nur um dann von unseren weißen angeblichen Kamerad:innen verraten zu werden. Dasselbe Muster sehen wir von der Abschaffung der Sklaverei über die erste und zweite Welle des Feminismus bis hin zu den Gewerkschaftskämpfen auf beiden Seiten des Atlantiks.

Ida B. Wells[2] war eine kämpferische Journalistin, die in den 1890er Jahren Lynchmorde im Süden der Vereinigten Staaten dokumentierte. Als ein Mob weißer Suprematisten 1892 die Büroräume ihrer Zeitung niederbrannte, floh sie aus ihrem Heimatstaat Tennessee, ließ sich in New York nieder und setzte dort ihren Kampf gegen Segregation und Lynchjustiz sowie ihren Kampf für das Frauenwahlrecht fort. Ihre Bemühungen wurden dadurch belohnt, dass die führenden weißen Kämpferinnen für das Frauenwahlrecht – allen voran Elizabeth Cady Stanton und Susan B. Anthony – die Schwarzen Frauen ablehnten. Um das Wahlrecht für weiße Frauen durchzusetzen, forderten Stanton,

Anthony und andere Suffragetten, weiße Frauen sollten das Wahlrecht vor Schwarzen Männern und Schwarzen Frauen erhalten. Während also ab 1920 nach der Ratifizierung des 19. Zusatzartikels zur Verfassung der Vereinigten Staaten vom Gesetz her alle US-amerikanischen Bürger:innen, unabhängig von *race* und Gender, das Wahlrecht genossen, verwehrte das Jim-Crow-Apartheidssystem den Schwarzen ihre Rechte und Freiheiten, bis diese mit der Verabschiedung des *Civil Rights Act* von 1964 und des *Voting Rights Act* von 1965 zumindest für eine Weile teilweise wiederhergestellt wurden. Heute werden sogar diese grundlegenden Schutzmaßnahmen durch die Gerichte infrage gestellt und ausgehöhlt. Vor allem hat der Supreme Court (Oberste Gerichtshof) 2013 wichtige Schutzbestimmungen des Wahlrechtsgesetzes (*Voting Rights Act*) von 1965 aufgehoben, was wiederum Tür und Tor öffnete für die Bestrebungen der Bundesstaaten, Wähler zu unterdrücken. Diese Bestrebungen richten sich gegen Schwarze und Braune Communities, denen es erschwert wird, sich in Wählerverzeichnisse einzutragen und Briefwahl zu beantragen, zumal einige Wahllokale in von Minderheiten bewohnten Gegenden geschlossen wurden.

In ihrem Essay aus dem Jahr 1987, »Mama's Baby, Papa's Maybe«, erforscht die Schwarze Feminismusforscherin und Literaturkritikerin Hortense Spillers im Kontext der Leibeigenschaft, was es für Schwarze Frauen bedeutet, des Frauseins beraubt und außerhalb desselben zu existieren: ›ungeschlechtlich‹ zu sein, wie sie es bezeichnet.[3] Innerhalb der rassifizierten Ordnung der *White Supremacy* sind Schwarze Frauen ungeschlechtliches ›Fleisch‹, das negiert, ausgeplündert und ausgebeutet werden kann. Spillers hilft uns dabei, den Nicht-Ort zu verstehen, an dem wir Schwarze Frauen uns wiederfinden, und daraus Orientierung für die Politik zu beziehen: »Diese materialisierte Szene des ungeschützten weiblichen Fleisches – des weiblichen ›ungeschlechtlichen‹ Fleisches – bietet eine Praxis und eine Theorie, einen Text zum Leben und zum Sterben.« Ungeschlechtlich zu sein bedeutet, dass bestimmte Akte der Gewalt gegen uns verübt werden können, da wir außerhalb des und im Widerspruch zum Frausein existieren, das implizit weiß ist. Ungeschlechtlich zu sein bedeutet jedoch auch, dass wir diese Liminalität, diese Marginalität voll und ganz annehmen können, um ohne das Frausein einen anderen Weg in die Freiheit zu finden.

Bringt man Spillers und hooks miteinander ins Gespräch, zeigt sich, wie der Zustand des Fliehens – die absichtliche Flucht vor dem Gender – Schwarze Frauen dazu befähigt, die Marginalität als Mittel der Befreiung einzusetzen. So argumentiert hooks, dass »Marginalität [...] auch der Platz der radikalen Möglichkeit ist, ein Raum für Widerstand [...] Sie bietet die Möglichkeit radikaler Perspektiven, um zu sehen und zu gestalten, um Alternativen zu ersinnen, neue Welten.«[4] Ungeschlechtlich zu sein bedeutet zweifellos tiefes Leid, bietet aber auch eine Gelegenheit: nämlich eine neue Sicht auf uns selbst und unsere Welt. In diesem Sinne bezeichnet hooks diese Fähigkeit, auf jene zurückzublicken, die uns ungeschlechtlich machen – erneut hinzusehen und die Bedeutung unseres ungeschlechtlichen Fleisches zu revidieren –, als den »widerständigen Blick«:

> Die Fähigkeit, den eigenen Blick angesichts von Herrschaftsstrukturen, die ihn einengen würden, zu manipu-

> lieren, eröffnet Handlungsräume [...] Indem sie hinsehen und zurückblicken, binden uns Schwarze Frauen in einen Prozess ein, in dessen Verlauf wir unsere Geschichte als Gegen-Erinnerung begreifen und als Möglichkeit nutzen, die Gegenwart zu erkennen und die Zukunft zu erfinden.[5]

Vollständig in das Ungeschlechtlichsein einzutreten, erlaubt es uns, alle Arten von selbstverständlichen Vorstellungen davon zu überdenken, was es bedeutet, authentisch zu leben. Diesen Zustand des Ungeschlechtlichseins anzunehmen, eröffnet uns Möglichkeiten für ein Leben jenseits des tödlichen Griffs der Gender-Binarität und des Drahtseilakts der Femininität. Schwarze queere, transsexuelle und nicht-binäre Personen kennen diese Art Lebensexperimente seit Langem, wie Marquis Bey schreibt:

> Es gibt eine verdrängte und ätherische Bewegung in uns, die sich danach sehnt, die Grenzen dieses Körpers zu durchbrechen, der ohne unsere Zustimmung geschaffen wurde [...]. Gender als Regime kann nicht das ausüben, was es vorgibt auszuüben: Kontrolle und Disziplin. Die Vorherrschaften des Weißseins, des Cis-Seins oder des Männlichen (und ihre verschiedenen Verflechtungen) werden immer wieder durch ihre Durchlässigkeiten in Unruhe versetzt. Ständig gibt es da etwas, das entwischt, etwas, das nicht eingefangen werden kann, und dies sind die Beispiele, die fruchtbar genug sind, damit das Leben hier gedeiht.[6]

Mit anderen Worten, kein Kontrollsystem kann je allumfassend sein. Es gibt immer einen Ausweg für die Fliehenden, auch wenn er wahrscheinlich teilweise blockiert und gefahrvoll ist. Bey schlägt vor: »Eine nicht-normative Lebensweise [...], die eine andere Art des Werdens hervorbringt als diejenige, die hätte entstehen können, gäbe es das Gender nicht.« Das Engagement der Fliehenden gilt einem Leben, das nicht reproduziert, nicht gefangen hält und keine Kontrolle ausübt, sondern sich dem Gender und all den anderen Ausprägungen verweigert, in denen wir von den Systemen, die nach unserer Vernichtung trachten, gefangen gehalten und misshandelt werden.

Nehmen wir an, wir akzeptieren, dass Schwarze Frauen nicht am Frausein und am Menschsein teilhaben können. In diesem Fall können wir willkommen heißen, ungeschlechtlich zu sein, und in dem Ungeschlechtlichwerden liegt die Aussicht, auf andere Weise mit Anderen zu leben, die sich ebenfalls weigern, sich dem Gender und anderen Ausprägungen von Herrschaft zu unterwerfen. Laut Bey »ist es die Weigerung, so zu sein, wie wir sind, eine bündnisartige Verweigerung [...] die nicht begradigt, nicht entwirrt und nicht zusammenhält, alles im Namen einer ›ungeschlechtlichen Vielfalt‹.« Wir können Solidarität und Gemeinschaft aufbauen, indem wir ungeschlechtlich sind und unsere Welt mit einem widerständigen Blick neu betrachten.

Uns als ungeschlechtlich zu konstituieren, ist nur ein Teil des Strebens nach Befreiung. Der feministische Kampf der Fliehenden muss darüber hinaus das Ende des Menschseins umfassen, jener genozidalen Binarität von Mensch/Anderem, die uns alle gefährdet. Vor dem Gender und dem Menschsein zu fliehen bedeutet, ein Ende dieser binären Systeme herbeizuführen, die Unterdrückung, Chaos und

Vernichtung verursachen – jener kapitalistischen, patriarchalischen und von *White Supremacy* geprägten Institutionen und Praktiken, die die Falschheit des Menschseins aufrechterhalten und weiterhin allen Anderen Schaden zufügen. All diejenigen, die den Feminismus der Fliehenden verkörpern, sehnen das Ende dieser Systeme nicht etwa herbei, um vollständiger und authentischer menschlich zu werden, sondern um etwas gänzlich anderes zu werden.

Dieser Wille, etwas anderes zu werden – eine Möglichkeit, die weder menschlich noch andersartig ist – muss ein kollektiver Prozess ein. Aus dem Blickwinkel des Feminismus der Fliehenden erweist sich die Vorstellung von der Apokalypse als hilfreich, um sich das Ende der von Menschen bewohnten Welt auszumalen. Ich beziehe mich hier auf die wörtliche Bedeutung von Apokalypse: Die Enthüllung von etwas Unbekanntem, das nur durch den Vorgang des Enthüllens erfahren werden kann. Darüber hinaus ist die Apokalypse das Ende *einer* Welt: der menschlichen Welt und ihrer symbolischen Ordnung, die von binären Gegensätzen bestimmt wird (z. B. Selbst/Anderes, Präsenz/Abwesenheit, Mann/Frau, Weiß/Schwarz). Der Feminismus der Fliehenden als Kampf für die Apokalypse gewinnt hier die Bedeutung eines kollektiven Kampfes, in dem wir uns selbst als ungeschlechtliche Subjekte innerhalb einer anderen symbolischen Ordnung, die auf einer nicht-binären Logik fußt, Bedeutung verleihen. Dies ist die Apokalypse als Offenbarung.

Ohne die Apokalypse – das Ende der Falschheit des Menschseins – können wir uns selbst nicht vollständig erkennen und begreifen. Das Ende des Menschseins, zumindest in der Art und Weise, wie es uns betrifft, ermöglicht es, uns selbst Sinn und Bestimmung zu verleihen – uns über die Grenzen des Menschseins zu benennen. Die Enthüllung dessen, was innerhalb der menschlichen Welt und ihrer Systeme der Lesbarkeit verborgen und unsagbar war, kann nur durch anhaltende Debatten und Dialoge in einer Gemeinschaft von anderen Fliehenden herbeigeführt werden, von Fliehenden also, die durch Gespräche, die von Spekulation, Liminalität, Ambivalenz und letzten Endes Enthüllung bestimmt sind, herausgefordert, verändert und zum Handeln mobilisiert werden.

Wenn diejenigen, die den Feminismus der Fliehenden verkörpern, das Ende der Zeiten anstreben, bedeutet das, dass wir nach dem Ende der menschlichen Zeit streben – der linearen, kolonialen Zeit der Herkunft. Praktiken der Gegenerzählung und des Erinnerns gelten innerhalb dieser Logik der kapitalistischen Zeit als unproduktiv, wie auch die Augenblicke, in denen es möglich ist, die Grenzen des menschlichen Ego-Selbst zu überschreiten. Wenn ich über all die transformativen Gespräche nachdenke, die ich schon in meinem Leben geführt habe, schien die Zeit dabei sowohl langsamer als auch schneller zu verlaufen (»wo ist die Zeit geblieben?«). Ich wurde aus mir selbst herausgelöst und zapfte ganz kurz voller Freude ein anderes Bewusstsein an, eine andere Art des Wissens und Seins. Und als ich in mich selbst zurückkehrte, fühlte ich mich von Grund auf verändert – aber ich war auch ein wenig traurig, wusste ich doch, dass dieser Moment, dieses Gefühl und diese Zeit nie wieder eingefangen oder wiederholt werden konnten. Der Dialog kann für solche Erfahrungen ein starker Katalysator sein. Audre Lorde vertritt in »The Uses of the Erotic: The Erotic as Power« die Ansicht, die erotische Kraft bestehe darin, authentisch nach den Bedingungen zu leben, die man für sich selbst und in Gemeinschaft mit anderen erotischen Wesen festlege:

> Als Schwarze lesbische Feministin bringe ich denjenigen Schwestern ein besonderes Gefühl, Wissen und Verständnis entgegen, mit denen ich intensiv getanzt, gespielt und sogar gekämpft habe. Diese tiefe Teilnahme ist oftmals der Wegbereiter für gemeinsam durchgeführte Aktionen gewesen, die in dieser Form vorher nicht möglich waren.[7]

Mit anderen im Gespräch zu sein und sich mit ihnen tief verbunden zu fühlen, ist die Grundvoraussetzung und notwendig für jegliche Art kollektiven Handelns. Meiner Ansicht nach sind diese Arten relationaler, ephemerer Sprechakte der Schlüssel zu jeder Praxis des Feminismus der Fliehenden. Wir können auf dem Weg zur Befreiung weit kommen, wenn wir nur andere Fliehende finden und Beziehungen zu ihnen aufbauen.

Verweigerung als Hoffnung

Der Zustand des Fliehens ist sowohl die materielle als auch die diskursive Bewegung von Schwarzen Körpern, Gedanken und Seelen. Die Fähigkeit, uns selbst als ungeschlechtlich neu zu definieren – als diejenigen, die den unmöglichen Wunsch nach Menschsein abtun und sich bewusst in einen Zwischenraum begeben –, würde zunächst die Zurückweisung eines einheitlichen und unabhängigen Selbst bedeuten, wie es in der liberal-demokratischen Vorstellungswelt konzipiert ist.

In meinen Debatten an der Universität in den 1990er Jahren über das Verhältnis zwischen Individuum und Kollektiv ging ich davon aus, dass das Individuum stets über allem stehe, da nur die Befreiung vom Kollektiv individuelle Autonomie, Entfaltung und Freiheit ermöglichen könne. Meine liberal-humanistischen Dozent:innen betrachteten das Kollektiv immer als ein erstickendes Hindernis für die individuelle Handlungsfreiheit. Heute weiß ich, dass diese Diskussionen, die im Denken der europäischen Aufklärung wurzelten, nur ein weiteres Mittel waren, die kapitalistischen und kolonialen Freiheitsverhältnisse zugunsten der Elite zu rechtfertigen, und zwar auf Kosten aller anderen.

Angesichts der Neoliberalisierung des akademischen Bereichs muss ich als Wissenschaftlerin, um in meinem Beruf erfolgreich zu sein, einer Logik folgen, die mir rät, ein heroisches, einzigartiges Individuum zu sein: selbstständig für mich zu denken, um mein Fachgebiet voranzubringen – und meine Reputation. Ich bin dieses Modells zusehends überdrüssig. Wie uns u. a. Katherine McKittrick in Erinnerung ruft, befinden wir Akademiker:innen uns durch unsere Zitierpraktiken ständig im Dialog mit anderen.[8] Wenn wir andere zitieren – oder strategisch beschließen, eine Quelle zu verleugnen –, sind wir Gedächtnisarbeiter:innen. Neben dem Zitieren bin ich daran interessiert, dass Wissensgemeinschaften entstehen, in denen Ideen ausgetauscht, neu vermengt und transformiert werden. Ich strebe Verbindungen mit anderen an zwecks gegenseitiger Unterstützung, Gedankenaustauschs und, um etwas Neues aufzubauen. Ich kann auf all meine gemeinschaftlichen Arbeiten zurückblicken und sehen, wie ich dazu angespornt wurde, besser zu werden, und das Gleiche für andere tat: Wir können unsere Arbeit kollektivieren und umwandeln in fürsorgliche Beziehungen, in denen wir einander unterstützen.

Keine kollektive Anstrengung löst das Problem des Menschseins oder die gewalttätigen Praktiken des Menschseins, da das Kollektiv zumindest anfangs eine Ansammlung von verschiedenen Arten von Menschen ist. Ungleiche Machtverhältnisse gibt es auch in aktivistischen oder progressiven kollektiven Räumen, abgegrenzt nach Gender, *race*, Ethnizität, Sexualität, *dis/ability*, Klasse, Rechtsstatus und Religion. Die Aufgabe besteht nun nicht darin, das Kollektiv zu fetischisieren, sondern in Betracht zu ziehen, welche Arten von Arbeit – materiell, emotional, psychisch – erforderlich sind, um unsere gewohnten Beziehungsmuster zu verändern. Das Zögern, innerhalb dieser Gruppentypen zu experimentieren, und die Angst vor dem Versagen überschneiden sich mit der schieren Freude und dem Vergnügen, etwas Neues und Anderes in Angriff zu nehmen. An der Schwelle zwischen Erfolg und Misserfolg zu stehen und sich von dieser Ambivalenz leiten zu lassen, kann zu anderen Lebensweisen führen. Vergessen wir aber nicht, das Ziel der Flüchtenden liegt im Unbekannten; es gibt keinen perfekten Ort, keinen perfekten Frieden. Man kann dem Kampf nicht entkommen – oder der Ungewissheit. Aber vor uns und hinter der nächsten Wegbiegung könnte sich ein Raum auftun, um etwas Neues aufzubauen, im Dialog. Es gibt keinen anderen Weg, wenn wir die hierarchische Dynamik der Brutalität verlassen wollen, die das Menschsein verlangt – und es muss immer Hoffnung geben.

Wenn ich über Hoffnung nachdenke, werde ich von einer anderen Lesart der Büchse der Pandora angezogen. Pandora erhielt eine Büchse, in der alle Übel der Welt aufbewahrt wurden: Tod, Krankheiten, Krieg. Aus welchem Grund auch immer öffnete Pandora die Büchse und brachte so das Elend in die Welt. Es heißt, nachdem all das Böse entwichen sei, sei nur noch die Hoffnung übriggeblieben. Der griechische Mythos ist ambivalent, was Hoffnung betrifft: Hoffnung könnte Optimismus für die Zukunft bedeuten *oder aber* Selbsttäuschung darüber, was uns erwartet. Erneut werden wir zurückgeführt zur Allgegenwart der Ambivalenz: Zu glauben, wir könnten die Welt verändern, erfordert tatsächlich ein willentliches Aussetzen der Ungläubigkeit: Dass wir nämlich ein System überwinden werden, das uns zum Nachteil gereicht, oder zumindest nicht von dem zerquetscht werden, das uns vernichten will. Hoffnung ist die Fähigkeit, sich das Unmögliche vorzustellen, dem Unvorstellbaren und dem Unaussprechlichen Konturen zu verleihen, sodass wir dabei unterstützt werden können, etwas zu tun, um diese Vision wahrzumachen. Höchstwahrscheinlich werden wir zu Lebzeiten die Früchte unseres Handelns nicht ernten. Deshalb muss Hoffnung revolutionär sein, sie fußt auf dem Vertrauen in uns selbst, dass wir obsiegen werden, wenn nicht für uns selbst, dann für diejenigen, die nach uns kommen. Wie uns die Abolitionistin Mariame Kaba in Erinnerung ruft: »Hoffnung ist Praxis«. Hoffnung ist eine spekulative, freudige Politik. Wir können uns Hoffnung als praktisches Handeln vorstellen, und zwar durch eine Politik des Sichweigerns.

Ich borge mir den Begriff ›Politik der Weigerung‹ von der indigenen Wissenschaftlerin Audra Simpson, die eine Weigerung als abweichende Meinung zu »dem gesamten staatlichen Machtapparat« definiert, um unregierbar zu werden.[9] Wenn wir aus dem Menschsein heraustreten, betreten wir die Unregierbarkeit. Aus Simpsons Sicht ist die Weigerung ein revolutionärer und kollektiver Akt des Werdens: »Die Weigerung funktioniert als historisches Bewusstsein [...]. Sie ist eine Manifestation des tiefen Bewusstseins für die Vergangenheit [und ...] dieses Bewusstsein rächt das frühere Unrecht und verweist auf sein Fortbestehen in der Gegenwart.«[10]

Die Weigerung ist zentraler Bestandteil einer politischen Praxis im Feminismus des Fliehens, sie ist ein Aufbruch zur freudigen Abkopplung. Weigerung bedeutet, in den Untergrund zu gehen oder sich zu weigern, eine Bindung mit jenen Kamerad:innen einzugehen, die sich weiterhin beharrlich dagegen sträuben, Rassismus und Sexismus ernst zu nehmen.[11] Bei der Weigerung geht es um die Entscheidung, sich nicht auf gewaltbeladene Diskussionen über den Status von Sexarbeiter:innen und Transfrauen in feministischen Räumen einzulassen. Weigerung bedeutet, sich nicht stillschweigend von denen ausbeuten zu lassen, die den Advocatus Diaboli spielen und ›bloß Fragen stellen‹. Bei der Weigerung geht es darum, die eigenen Kraftreserven zu bewahren. Weigerung bedeutet, den Mut aufzubieten, sich all jenen Prozessen zu entziehen, die als ›Politik‹ bezeichnet werden, in Wirklichkeit aber eine gegen Schwarze gerichtete, strukturelle und epistemische Gewalt darstellen.

Wie meine Kollegin Inez van der Scheer und ich schreiben, praktizieren Aktivist:innen des Schwarzen Feminismus in London und Amsterdam bereits diese Art von Verweigerungspolitik. Wie diese niederländische Schwarze feministische Aktivistin erklärt, verweigert sie sich der Sichtbarkeit. Ganz bewusst hält sie ihre Arbeit mit nicht registrierten Migrant:innen in Amsterdam im Untergrund und außerhalb des weißen Blicks, als Geste der Fürsorge und des Respekts für ihre Kamerad:innen:

> Ich halte mich von der Regierung so weit wie möglich fern. Deshalb nenne ich es auch eine Art von unsichtbarem Aktivismus [...] ich halte viel davon, innerhalb einer Grauzone tätig zu sein. Auf diese Weise ergeben sich viele Möglichkeiten, sobald [mein Aktivismus] aber für alle sichtbar ist und jeder sofort weiß, was ich gerade mache, befürchte ich das Schlimmste für diese [nicht registrierten] Frauen. Indem wir es sehr unauffällig halten, können wir eine Menge Dinge erledigen. [Liminalität] erzeugt eine Art Unbehagen, aber im Zuge dieses Unbehagens geschieht etwas, nämlich, dass [die Weißen] vollständig verstummen. Und genau dieses Schweigen erschafft einen Freiraum. Es erschafft ein Fenster für diejenigen Stimmen, die von dieser dominanten Kultur ständig zum Schweigen gebracht werden.

Weigerung bedeutet für Simpson, nicht die übliche Politik zu machen, sondern den Weg für andere Möglichkeiten des Handelns und Seins freizuschlagen. Weigerung bedeutet nicht, dass wir es ablehnen, im öffentlichen Raum aktiv zu sein, oder uns der Verantwortung und Rechenschaftspflicht gegenüber anderen entziehen, sondern vielmehr, dass wir aus Bezugsrahmen heraustreten, die uns schaden, die uns darin beschränken, wer wir füreinander sind, und die bestimmen, wie sich dies in einer öffentlichen Politik niederschlägt, die uns herabsetzt.

Dennoch, Hoffnung und ihre Dienerin, die Verweigerung, sind nicht notwendigerweise Haltungen und Handlungen, die uns einfach so zufliegen. Die menschliche Welt ist auf die Herabsetzung und Desillusionierung der Schwarzen Frauen ausgerichtet. Wir sollen unter dem Gewicht unserer Nicht-Dazugehörigkeit in die Knie gehen. Wir sollen nicht überleben, wie Lorde uns in Erinnerung ruft:

> Um in dem Maul dieses Drachens, den wir amerika nennen, überleben zu können, haben wir diese erste und entscheidendste Lektion lernen müssen – dass wir nie überleben sollten. Nicht als Menschen [...]. Und diese Sichtbarkeit [als Schwarze Frauen], die uns so verwundbar macht, ist gleichzeitig der Quell unserer größten Stärke [...]. Wir können lernen zu arbeiten und zu sprechen, wenn wir uns fürchten, genauso wie wir gelernt haben zu arbeiten und zu sprechen, wenn wir erschöpft sind.[12]

Hoffnung ist unsere Einführung in den ambivalenten Zustand des Fliehens. Wir stehen an der Seite unserer Mitfliehenden, wir wissen um unsere Vergangenheit und Gegenwart, sind aber unsicher, zögerlich und doch voller Hoffnung auf die Zukunft, die wir gemeinsam erschaffen – das ist die Verheißung des Feminismus der Fliehenden.

kleines gebet

Danez Smith

lass das Verderben hier enden

lass ihn Honig finden
wo einst ein Abschlachten war

lass ihn in den Käfig des Löwen treten
& ein Feld voller Nachtviolen finden

lass dies die Heilung sein
& wenn nicht, lass es, wie es ist.

Exkurs
Akte des Verschwindens: Über Fanny Eaton

Fanny Eaton wurde 1835 auf Jamaika geboren. In den 1840er Jahren kam Eaton als Kind nach London, allerdings ist nur wenig über ihr frühes Leben bekannt, auch über die Zeit danach, für die sie heute so berühmt ist – sie arbeitete als Künstlermodell, als präraffaelitische Muse.[13] Für mich verkörpert Eaton die Essenz des britischen Schwarzen Feminismus – abwesende Präsenz.[14] Wie viele Leute, die ein Randdasein führen, verkörperte sie das, was Audre Lorde als »Litanei des Überlebens« bezeichnete.

Wir wissen, dass Eaton als Hausangestellte arbeitete, heiratete und zehn Kinder hatte. Wir haben nie einen unmittelbaren Zugang zu ihrer Stimme, zu ihren Gedanken oder ihrem Innenleben gefunden, wir können sie lediglich sehen, können buchstäblich einen Blick auf sie erhaschen, durch den weißen Blick der Präraffaeliten. Gleichwohl fanden Dante Gabriel Rossetti und der Rest dieser Bruderschaft (bzw. der weniger bekannten Schwesternschaft) sie schön, aber ihre Schönheit ist weder ihr wichtigstes noch ihr interessantestes Merkmal. Abgesehen davon, wer sie selbst ist, interessieren mich am meisten die Beziehungen des Schauens, die sie erschafft. Ich war immer schon von ihr fasziniert, selbst als ich noch gar nicht ihren Namen kannte. Ich hielt inne in den Museen oder Galerien, in denen ich zufällig auf sie stieß, und stellte mir eine Reihe von Fragen: Was macht diese Schwarze Frau eigentlich in diesen Gemälden? Was für ein Leben mag sie als Künstlermodell und Muse geführt haben? Wie mag es auf dem Höhepunkt der viktorianischen Ära als Schwarze Frau in London gewesen sein? Ich staune, welche Themenfelder sie abdeckt. Hier ist sie Morgan le Fay, die gerissene Zauberin und Gegenspielerin von König Artus; dort ist sie die besorgte Mutter des Sisera, eines Heerführers aus der Bibel, der in den Krieg zieht, während sie dort drüben im Profil zu sehen ist, gehüllt in Seide, mit einem Perlenohrring. Noch bevor ich die Sprache fand, um meine flüchtige Begegnung mit Eaton in Worte zu fassen, brachte mich der widerständische Blick in Kontakt mit Überlegungen des Schwarzen Feminismus.

Für mich ist Eaton eine leere Wand, auf die wir unsere Hoffnungen, Träume und Ängste projizieren. Ähnlich wie bei der Frau hinter ›Phillis Wheatley‹ können wir nicht vollständig klären, wer sie wirklich ist. Sie ist eine vermittelte und medialisierte Gestalt, die durch die Äußerungen und Blicke anderer zum Leben erwacht. Dem allgemeinen Verständnis nach erinnert Eaton an den nichtmenschlichen Status Schwarzer Frauen. Sie ist beachtenswert, weil sie eine Andere ist, die fehl am Platz ist, etwas Schweigendes, ›Exotisches‹, mit dem niemand rechnet. Sie ist ein Lehrstück der Liminalität – nämlich ein Verweis auf deren Zweischneidigkeit aus dem Blickwinkel des Feminismus der Fliehenden. Schwarze Frauen könnten einen Vorteil daraus ziehen, sich in einem Zwischenstadium zu befinden, um sich selbst neu zu erfinden: Vielleicht war auch Eaton dazu in der Lage, aber das werden wir nie erfahren. Eaton steht stellvertretend für eine lange Geschichte Schwarzer Frauen, die nicht in der Lage waren, sich selbst ein Denkmal zu setzen, und sie ist gefangen in der Sichtachse eines anderen. Die Art und Weise, wie sie in der bildenden Kunst dargestellt wird – in Gemälden wie *Die Mutter des Moses* von Simeon Solomon, das 1860 in der Royal Academy ausgestellt war, und *Die Geliebte* (1865) von Rossetti – ist zwar atemberaubend, aber das führt nicht zu einem besseren Verständnis, wer oder was sie eigentlich war. Vielleicht war sie auf ihren Reisen und in ihrem langen Leben auch glücklich – sie starb 1924 im Alter von achtundachtzig, nachdem sie im Haushalt eines Weinhändlers auf der Isle of Wight als Köchin gearbeitet hatte. Sie bleibt ein Rätsel, und ich frage mich seither, ob sie imstande war, ihre Liminalität auszuschöpfen, um sich selbst zu verwandeln und etwas anderes zu werden, innerhalb, gegen den und jenseits des weißen Blicks.

Der Traumhüter (The Dream Keeper, 1932)

Langston Hughes

Bringt mir all eure Träume,
Ihr Träumenden,
Bringt mir all eure
Melodien des Herzens
Auf dass ich sie einschlage
In ein blaues Wolken-Tuch
Fernab von den zu groben Fingern
Der Welt.

3. Kapitel
Gemeinschaft errichten, fürsorgliche Fliehende finden

Schwarze Frauen durch die Linse der Fliehenden neu zu betrachten, löst ein Gefühl des Bedauerns aus, während wir zögerliche Schritte machen, um das Menschsein zu verleugnen und abzulehnen. Wir müssen unser eigener Anker und Bezugspunkt werden, wenn wir uns selbst neu erschaffen. Wie Gwendolyn Brooks es formuliert,

> that we are each other's
> harvest:
> we are each other's
> business:
> we are each other's
> magnitude and bond.[1]

Es ist mit tiefer Trauer verbunden, aufzugeben und den Glauben an das Menschsein zu verlieren, an das vorherrschende Modell dafür, wie man in dieser Welt sein sollte. Wir trauern, weil die höchsten Ideale des Menschseins im Kern auf dem Leid und der Verelendung Anderer beruhen.

Dieses Buch während der Coronapandemie zu schreiben, war äußerst schwierig, aber es war ein lehrreicher Prozess. Wenn man sieht, dass unverhältnismäßig viele Schwarze sowohl in den Vereinigten Staaten als auch in Großbritannien an einer vermeidbaren Krankheit sterben, unterstreicht das die Tatsache, dass Schwarzes Leben keine

Bedeutung hat. Diejenigen, die während dieser Pandemie absichtlich durch den Staat, den Markt und ihre Mitbürger in Gefahr gebracht wurden, sind genau diejenigen, die der rassifizierte Kapitalismus die ganze Zeit mit Absicht in Gefahr bringt.

Die USA und Großbritannien erteilen jeden Tag Lektionen darüber, wen sie wertschätzen, wer dazugehört und wer menschlich ist. Selbst vor diesem Hintergrund des Sterbens und des nichtmenschlichen Status der Schwarzen muss jedoch unsere Antwort darauf immer die Gemeinschaft sein. Solange es Gemeinschaft gibt, kann ich nicht pessimistisch in die Gegenwart und die Zukunft schauen. Gemeinschaft kann für unsere sozialen Beziehungen ein Raum des radikalen Experimentierens sein. Die Tiefe und das Ausmaß dieser Konfigurationen lassen sich nicht allein durch den individuellen Willen evozieren, es liegt in unserer kollektiven Verantwortung, Gemeinschaft als einen Raum der Möglichkeiten und der Hoffnung zu errichten, um sich von toxischen und repressiven Modellen des Hyperindividualismus zu befreien, die das öffentliche Leben unter dem rassifizierten Kapitalismus beherrschen.

Gemeinschaft bildet den Rahmen für Fürsorgepraktiken und Freiheitsträume. Gemeinschaft ist der Raum, in dem wir mit unseren sozialen Beziehungen experimentieren können, um solche entstehen zu lassen, die auf Liebe und Vertrauen fußen und nicht auf Wettbewerb und Ausgrenzung, um für uns selbst und diesen Planeten unterschiedliche Zukünfte zu entwerfen. Bei diesem Experimentieren wird vermutlich vieles schieflaufen, aber gerade innerhalb der Gemeinschaft haben wir die Gelegenheit, zu lernen und vielleicht etwas zu verändern. Ohne diese entscheidende Verbindung zu anderen sind wir verloren. Aber in der Gemeinschaft – diesem liminalen Zwischenraum, der weder ganz öffentlich noch ganz privat ist – können wir gemeinsam unseren Vorstellungen nachhängen und etwas entstehen lassen. So wie wir es im Augenblick erleben, inmitten der Gefahr.

Wir erleben, dass angesichts von Pandemie und Polizeigewalt neue Formen der Fürsorge aufkommen. Als Reaktion auf die Lockdownmaßnahmen sind spontan Gruppen zur gegenseitigen Hilfe entstanden, zumeist geleitet von Schwarzen und Braunen Frauen, unter der Prämisse, dass wir einander Aufmerksamkeit und Schutz schulden. Aktivist:innen traten auf den Plan, da der Staat im Verlauf dieser anhaltenden globalen Notlage auf eklatante Weise untätig blieb. Aus Sorge um ihre schutzbedürftigen Nachbarn – von älteren Menschen über Menschen mit Behinderungen bis hin zu Alleinerziehenden und deren Kindern – haben sich die Aktivist:innen selbst darum gekümmert, dass die Leute genug zu essen und weiterhin Zugang zu Gesundheitseinrichtungen hatten, statt aufgrund der extremen Isolation in der Einsamkeit zu verschwinden. Das kooperative Ethos der gegenseitigen Hilfe zeigt, dass Solidarität und Gemeinschaft immer möglich sind, selbst unter den schrecklichsten Umständen. Darüber hinaus wurde die Etablierung und Umsetzung von Kautionfonds – eine gemeinsame Anstrengung, Kaution für diejenigen zu bezahlen, die im Gefängnis saßen – zu einem weitverbreiteten und wirksamen Mittel, um der staatlichen Gewalt entgegenzuwirken, die ich im ersten Kapitel beschrieben habe. Kautionfonds helfen zumindest vorübergehend dabei, Gemeinschaften wieder zusammenzufügen, die Betroffenen vor der Gewalt in Gefängnissen zu bewahren und ein kleines Fenster aufzustoßen, das einen Blick in die abolitionistische Zukunft gewährt. Im Verlauf der vergangenen Jahre haben wir erlebt, wie der Schrecken in radikale Fürsorge zugunsten der Gemeinschaft umgewandelt werden kann. Nachdem der Fall Roe vs. Wade, die Grundsatzentscheidung zum Abtreibungsrecht in den Vereinigten Staaten (1973), im Juni 2022 vom Obersten Gerichtshof aufgehoben wurde, waren Abtreibungsfonds und Netzwerke für Reproduktive Rechte – seit Jahren geleitet von Schwarzen und Braunen Frauen – maßgeblich daran beteiligt, denjenigen praktische Beratung und Unterstützung anzubieten, die vom Angriff des Staates auf die körperliche Selbstbestimmung betroffen waren.

Fürsorge ist der Keim einer radikalen politischen Vorstellungskraft. Zu Fliehenden vor dem Menschsein werden wir durch die Entwicklung eines Ethos der Fürsorge, durch jenes Mit-Gefühl gegen die Beschränkungen unseres Lebens. Nach Ansicht der feministischen politischen Philosophin Joan Tronto ist »Care eine Aktivität der Spezies, die alles umfasst, was wir tun, um unsere Welt zu erhalten, sie fortzuführen und zu reparieren, damit wir darin so gut wie möglich leben können [...] Bei Care geht es darum, Bedürfnisse zu erfüllen, und sie ist immer beziehungsorientiert.«[2]

Fürsorge ist zutiefst politisch, weil sie Ausdruck von Macht ist. Wir stoßen darin auf eine radikale Politik, indem wir diejenigen, um die wir uns kümmern, neu definieren und praktische Maßnahmen ergreifen, um das Leben anderer Menschen zu verbessern. Ich habe bereits erläutert, inwieweit fürsorgliche Beziehungen unter Menschen unweigerlich dazu beitragen, dass Andere zu Schaden kommen. Radikale Fürsorge im Feminismus der Fliehenden bedeutet, dass diese Anderen als ebenfalls Fliehende wahrgenommen werden und wir sowohl einen Bezugsrahmen für die Ermittlung ihrer Bedürfnisse als auch eine Reihe von fürsorglichen Akten – fürsorgliche Arbeit – entwickeln, um sicherzustellen, dass diese Bedürfnisse auch erfüllt werden. So sieht Solidarität aus.

Fürsorglich zu sein bedeutet, dass wir eine Beziehung gegenseitiger Verwundbarkeit eingehen. Wenn uns Care zuteilwird, macht uns das verletzlich, denn wir müssen unsere Bedürfnisse benennen und auf die Fürsorge vertrauen, die uns angeboten wird. Bieten wir selbst Fürsorge an, macht uns das verletzlich, da wir Verantwortung übernehmen und angemessene Fürsorge leisten, die auch infrage gestellt werden kann und muss. Fürsorge ist harte Arbeit, da sie zutiefst emotional und mit Gefahren behaftet ist. Sie bringt es mit sich, dass Leute Fehler machen und man ihnen vergeben muss. Das strenge Gebot, stets Recht zu haben, stets die Radikalste und stets rechtschaffen zu sein, ist mit einem Care-Ethos unvereinbar. Dazu hooks: »Wenn wir die Liebe als den Willen begreifen, unser eigenes geistiges Wachstum und das anderer zu nähren, wird deutlich, dass wir nicht behaupten können zu lieben, wenn wir verletzend und übergriffig sind.«[3]

Es ist nicht erforderlich, denjenigen Fürsorge entgegenzubringen, die einem Schaden zufügen oder sich an einer Praxis beteiligen, die hierarchische Herrschaftsverhältnisse reproduziert, und dies als Care bezeichnen. Dennoch müssen wir verstehen, was es bedeutet, eine Gruppe von Leuten zusammenzubringen, die Opfer von institutionalisierter und alltäglicher Gewalt und Schädigung geworden sind. In Konflikten, Spannungen und tiefgreifenden Meinungsverschiedenheiten Gnade und Fürsorge anzubieten, ist eine Praxis, die man immer wieder neu erlernen muss. Denn wir haben kein Modell dafür, wie sich die Gemeinschaft aufrechterhalten lässt trotz der Erfahrungen von Leid und Gewalt, die wir alle in uns aufgenommen haben und die wir bisweilen gegen uns selbst und gegen jene fortsetzen, um die wir uns vorgeblich kümmern. Dies ist auch Solidarität – einander festhalten in dem Wissen, dass dieser Sturm vorübergehen wird.

Fürsorge ist eine prekäre Form der Politik. Sie ist eine abgewertete und missachtete soziale Beziehung, eben weil sie weiblich geprägt ist. Darüber hinaus kann Care hierarchische Verhältnisse von Herrschaft und Unterordnung reproduzieren, und zwar unter dem Deckmantel von Unterstützung und Solidarität. Nichtsdestoweniger begrüßt der Feminismus der Fliehenden die Fürsorge, weil sie einen gefährlichen Akt des Trotzes darstellt. Sich überhaupt um Andere zu scheren, die verachtet und geringgeschätzt werden, ist eine riskante Angelegenheit. Man wird verletzt und verraten. Doch die Alternative ist undenkbar. Wir sind soziale Wesen, und angesichts von Gewalt und Ausbeutung haben Schwarze Frauen immer schon Gemeinschaften zum Ausruhen, zur Genesung, zur Ernährung und zum Handeln gebildet. Wir müssen diesen Weg gemeinsam beschreiten, auf dass wir alle frei werden. Ausgangspunkt dafür muss sein, dass wir uns für Ambivalenz, Liminalität und belastende Gefühle öffnen – für jene Erfahrungen, die von den Menschen vernachlässigt und ignoriert wurden.

Als ich in Washington D. C. zur Uni ging, stellte ich zu meiner Freude fest, dass ich mich für Politische Theorie begeistern konnte – und ich war gut auf diesem Gebiet. Bei einem meiner Lieblingsdozenten habe ich die meisten großen philosophischen Werke weißer Männer gelesen. Ich las Plato, Aristoteles, Aristophanes, Montaigne, Montesquieu, Descartes, George Berkeley, Kant, Hume, Hobbes, Spinoza, Locke, Leibniz, Rousseau, John Stuart Mill, Alexander Hamilton, James Madison, Thomas Jefferson, Nietzsche, Hegel, Marx, Schopenhauer, Heidegger, Sartre, Adorno, Horkheimer, John Rawls und Richard Rorty, um nur einige zu nennen. In all meinen Kursen über Politische Theorie haben wir nur von zwei weißen Frauen Texte gelesen: Simone de Beauvoir und Hannah Arendt. Ich weiß noch, dass ich meinen Dozenten fragte, warum wir Aristoteles ernstnehmen sollten, wenn er argumentiert, Frauen und Sklaven hätten keine Seele. Ich erinnere mich, ihn mit Fragen über die relative Bedeutung der *Federalist Papers* gelöchert zu haben, da doch viele der Autoren, die Freiheit für sich selbst in Anspruch nahmen, die Sklavenhalter meiner Vorfahren gewesen waren. Meine Bedenken wurden von meinem Professor weder ignoriert noch abgetan; vielmehr wurde ich gebeten und dazu verleitet, meine »kleinliche Kritik« an diesen großen Männern beiseitezulassen und mich stattdessen auf die Schönheit ihrer Schriften und die Spannweite ihrer Ideen zu konzentrieren. Schwarze Frauen, so sagte man mir, könnten sich in Plato oder Locke oder Hegel durchaus wiederfinden, da diese Theoretiker sich auf eine universelle Wahrheit beriefen, die alle und jeden mit einschließe – nicht nur weiße Männer.

Als gute, brave und kolonisierte Studentin las ich also

und war in der Tat fasziniert von der herrlichen Prosa und den überzeugenden Ideen darüber, was es bedeutet, Mensch zu sein, wie die gute Gesellschaft aussehen und wie der beste Weg beschaffen sein könnte, um nach meinem höchsten und besten Selbst zu streben. Und da ich während meiner ersten beiden Jahre an der Uni noch *keine* Schwarzen Autorinnen gelesen hatte, beschloss ich dann, in meinem dritten und vierten Jahr Schwarze feministische Literaturkurse zu belegen. Erst da lernte ich die Schwarze feministische Theorie und Literatur kennen und las systematisch: Mary Prince, Harriet Jacobs, Phillis Wheatley, Sojourner Truth, Anna Julia Cooper, Ida B. Wells, Mary Church Terrell, Frances Harper, Claudia Jones, Ella Baker, Zora Neale Hurston, Nella Larsen, Ann Petry, Gwendolyn Brooks, Lorraine Hansberry, June Jordan, Toni Cade Bambara, Audre Lorde, Barbara Smith, Pat Parker, Ntozake Shange, Paule Marshall, Gloria Naylor, Sonia Sanchez, Toni Morrison, Gayl Jones, Michele Wallace, Maya Angelou, Alice Walker, bell hooks, Angela Davis, Assata Shakur, Nikki Giovanni, Patricia Hill Collins, Paula Giddings, das Combahee River Collective, Octavia E. Butler, um nur einige Autorinnen zu nennen. Von da an durchschaute ich voll und ganz die Lügen der weißen Männer, denen ich so bereitwillig aufgesessen war.

Der Vorschlag, den ich jetzt mache – um mich vom Menschsein freizumachen –, bezieht sich direkt auf die falschen Versprechungen, die in diesen großen Texten von und für weiße Männer verbreitet werden. Mein Zustand des Fliehens ist von Kummer geprägt, weil in mir die Erkenntnis reifte, dass die Philosophie, die ich liebte, mich nicht liebte und auch nicht lieben konnte. Denn nach Auffassung der Philosophen war ich ein seelenloses Tier, und für mich könnte es nie eine ›Aufklärung‹ geben. Ich habe Jahre gebraucht, um mich dieser Ideen zu entledigen. Indem ich den Weg der Fliehenden bereise, lasse ich viele Dinge zurück – nicht nur die menschlichen Strukturen der Herrschaft –, sondern auch Geschichten, Traditionen und andere Leute, die nicht gemeinsam mit mir reisen können oder wollen. Ich trauere, weil dieses Opfer erforderlich ist, um eine Schwelle zu überschreiten und auf der anderen Seite grundsätzlich anders wieder in Erscheinung zu treten. Indem wir auf das Menschsein verzichten, von dem wir glaubten, es wäre unser Schutzzauber, das sich aber in Wahrheit als Fluch herausstellt, sind wir vielleicht imstande, eine andere Art von kollektiver Politik für unsere Befreiung zu schaffen. Ich trauere um das, was nie sein wird, und wende mich dem zu, was möglich ist und, wie Tina Campt uns in Erinnerung ruft, *sein muss.*

Freude im Schrecken finden

Der Zustand des Fliehens ist sowohl physisch als auch mental ein Zustand des Schreckens. Das Nicht-Menschsein leben zu wollen, ist erschreckend; auf der Flucht zu sein auf die Gefahr hin, gefangen genommen zu werden, ist entsetzlich. Wir haben keine Modelle dafür, wie dies überhaupt sein oder aussehen kann. Die Alternativen, die wir hingegen haben, scheinen uns das Schlimmste des mörderischen Weißseins neu einzuschreiben. So sagt zum Beispiel der Wunsch der Transhumanisten,[4] mit der Technologie zu verschmelzen und sich aus dem Menschsein ›herauszuentwickeln‹, wenig darüber aus, wie die existierenden Hierarchien von *race*, Gender und Klasse in ihrer schönen neuen Welt auf den Kopf gestellt werden sollen. Viele derjenigen, die eine postanthropozäne Welt in Betracht ziehen, scheinen weit davon entfernt, von Indigenen Handlungsweisen, Daseinsformen und Erkenntnistheorien zu lernen, insbesondere bräuchte es eine Befreiung von der kolonialen Siedlerlogik, die uns an den Rand des ökologischen Kollapses gebracht hat.[5] Der Xenofeminismus wiederum schätzt die Entfremdung – was nicht gleichbedeutend ist mit Liminalität oder dem Zustand des Fliehens – und setzt, wie die Transhumanisten, seine Hoffnung in das transformative Potenzial der Technologie, ohne danach zu streben, die zugrundeliegenden westlich geprägten Annahmen zu überwinden.[6] Mit anderen Worten, die Versuche des Xenofeminismus, den Vernunftbegriff für seine feministische Politik zu beanspruchen, reproduzieren nur das ausgrenzende Menschenbild der Aufklärung und stellen noch kein radikales Experiment der Befreiung dar.[7] Ohne die Erfahrungen der am stärksten marginalisierten Frauen an vorderster Front jeder Bewegung ernst zu nehmen, befinden sich die Xenofeministinnen in der Sackgasse eines technologieverstärkten sozialistischen Feminismus, der die Kategorien *race* und *ability* ausblendet und seine eigene Begrenzung durch eben jene aufklärerischen Prinzipien nicht wahrnimmt, die ursprünglich die ausgrenzende Idee des Menschseins erschaffen haben.

Das Leben einer Feministin im Zustand des Fliehens zu führen, verlangt von uns, den Schrecken der Ungewissheit zu akzeptieren, der sich unweigerlich einstellt, sobald wir uns dem Menschsein verweigern. Wenn wir uns vom

Menschsein lossagen, müssen wir unseren Schrecken als Antrieb nutzen, um von einer Existenz in eine andere zu gelangen. Viele Schwarze leben bereits im Bewusstsein dieses Schreckens: und zwar unter den Bedingungen des Gefangenseins, die im 1. Kapitel erläutert werden. Aber der Schrecken wird zu Wut, wenn man ihn sich bewusst macht und politisiert. In einem Radiointerview aus dem Jahr 1961 sagte James Baldwin: »Ein Schwarzer in diesem Land zu sein und ein relativ waches Bewusstsein zu haben bedeutet, fast immer in einem Zustand der Wut zu sein. Das erste Problem ist also, wie man diese Wut kontrolliert, damit sie einen nicht zerstört.«[8]

Wut oder Schrecken sollte uns nicht zerstören. Im Gegenteil, Wut kann ein Tonikum sein; sie ist ein belebendes Gefühl, das uns aus uns herausholt und uns in Gemeinschaft anderer an neue Orte führt. Das ist ein Lernprozess – wir müssen ihn aussitzen, daraus lernen und unser Handeln davon beeinflussen lassen. Wir begreifen unseren vorläufigen Anspruch auf das Menschsein dadurch, dass wir auf Dauer auf der falschen Seite der Binaritäten stehen, die wiederum durch das Menschsein durchgesetzt und verordnet werden. Der Schrecken der Destabilisierung ist zunächst individuell zu ertragen – alle müssen auf eine Weise, die für die Beteiligten sinnvoll ist, zu einem Verständnis davon gelangen. Wenn aus dem Schrecken politische Wut werden kann, dann kann daraus Gemeinschaft mit anderen werden – und zwar ein Fürsorgeverhältnis mit anderen Fliehenden. Für mich ist die Erkenntnis, dass Schwarzen Frauen das Menschsein vorenthalten ist, eine produktive Kraft gewesen, die Gemeinschaft erzeugte. Das Element des Fliehens mit Feminismus zu verbinden, impliziert eine

Akzeptanz dessen, dass die Welt gegen Schwarze eingestellt ist und dass die Erkenntnis neue Formen des kollektiven Seins und Handelns hervorbringt. Gut möglich, dass wir keine *menschlichen* Wesen sind – aber wir sind *soziale* Wesen, und unsere Beziehungen zu anderen, die Gemeinschaft durch Dialog und das kollektive Handeln verhindern, dass der Schrecken uns zerstört.

Der Feminismus der Fliehenden kann Schrecken und Wut zu Wegen zur Freude in der Gesellschaft anderer machen. Eine derartige Politik stattet uns nicht nur mit einer kritischen Grundhaltung aus, sondern wir können mit ihrer Hilfe auch auf einer See der Erlösung die Segel setzen. Es gefällt mir sehr, wie die Vorstellung von Freude im Verlauf der vergangenen zehn Jahre ihren Weg zurück in den Wortschatz des Schwarzen Feminismus gefunden hat. Freude ist jenes Gefühl von Euphorie, Glückseligkeit und Gelassenheit, das uns umgibt und verändert. Freude ist etwas Flüchtiges, aber sie ist ein kraftvolles Gefühl, und die Erinnerung daran hat nachhaltige Auswirkungen – Freude ist eine unerlässliche politische Praxis. Wie Toi Derricotte so wunderbar in ihrem Gedicht ohne Titel feststellt:[9]

Warum sollte eine Schwarze Frau
einen Fisch brauchen
zum Lieben? Warum brauchte sie ein

rotes Aufblitzen, lebendig, in den
Augenwinkeln? Als ob sie nichts lieben könnte,
aus der Nähe, sondern sich davon entfernen

müsste, zurückkehren müsste,
um ein paar Samen fallen zu lassen
& es an sich

heranzulassen, als hätte es
sie
an einem Haken gefangen, der nicht

wehtun konnte. Wozu brauchte sie einen Fisch,
um darüber zu schreiben, einen roten
Dorn oder, zwischen den Dornen, diese

Blume? Was hat ihre Liebe mit
fünfhundert Jahren
Leid zu tun, dann mit Freude, die wie

ein zarter Hauch, eine
Blase aufsteigt? Was hat das mit den
Friedhöfen des

Atlantiks zu tun, in ihrer Mutter
Herzen?

In Derricottes Text ist die Freude ein vielköpfiges Geschöpf, berauschend und sinnlich. Sie hat viele Gesichter und ist schwer fassbar, strahlend und voller Kraft. Sie ist flüchtig, in der Peripherie unseres Sichtfeldes und außerhalb unserer Reichweite. Freude ist auch etwas, das uns einholt und uns einfängt, als wären wir ein Fisch am Haken. Wenn wir die richtigen Samen aussäen, dann können wir die Freude vielleicht für uns zum Blühen bringen, mitsamt Dornen und allem. Aber wir können uns nicht der Freude hingeben, ohne den Schrecken der Sklaventransporte zu begreifen und die Nöte unserer Vorfahren. Erst dann können wir vielleicht den Schrecken und die Wut in die Freude darüber verwandeln, dass wir etwas anderes sein können.

Zu dieser Ausgabe

Die Übersetzung beruht auf der Originalausgabe:

Akwugo Emejulu: Fugitive Feminism. London: Silver Press, 2022.

Verzeichnis der zitierten Dichter:innen und Gedichte

GWENDOLYN BROOKS (1917–2000)
Paul Robeson S. 79
G. B.: »Paul Robeson«. In: The Essential Gwendolyn Brooks. Hrsg. von E. Alexander. New York: Library of America, 2005. – © 2005 Library of America, New York.

LUCILLE CLIFTON (1936–2010)
willst du nicht mit mir feiern S. 34
L. C.: »won't you celebrate with me«. In: The Book of Light. Port Townsend (WA): Copper Canyon Press, 1993. – © 1993 by Lucille Clifton. Reprinted with the permission of The Permissions Company, LLC on behalf of Copper Canyon Press, coppercanyonpress.org.

TOI DERRICOTTE (*1941)
The Telly Cycle (Joy is an act of resistance) S. 90 f.
T. D.: »The Telly Cycle« (Joy is an act of resistance). In: I. New and Selected Poems by Toi Derricotte. Pittsburgh: University of Pittsburgh Press, 2019. – © 2019. Reprinted by permission of the University of Pittsburgh Press.

LANGSTON HUGHES (1902–1967)
Der Traumhüter S. 77
L. H.: »The Dream Keeper«. In: The dream keeper and other poems. New York: Knopf, 1994. – © 1994 Knopf, New York.

DANEZ SMITH (*1989)
kleines gebet S. 73

D. N.: »little prayer«. In: Don't Call Us Dead. Minneapolis (MN): Graywolf Press, 2017. –

PHILLIS WHEATLEYnum 1753–1784)
(1) *Über die Verschleppung von Afrika nach Amerika (1773)* S. 52
(2) *Über die Einbildungskraft* S. 53

P. W.: Nie mehr, Amerika! Gedichte und Briefe. Aus dem Englischen von Florian Bissig. Berlin: Matthes & Seitz, 2023. (1) S. 62, (2) S. 80–82. –

Die Übersetzungen der Gedichte stammen, soweit nicht anders angegeben, von Holger Hanowell.

Anmerkungen

Vorwort

Das Gesicht der Sonne entgegenheben

1 S. Wynter, »No Humans Involved: An Open Letter to My Colleagues«, in: *Forum N.H.I.: Knowledge for the 21st century* 1 (1994) H. 1.

2 L. Bassel und A. Emejulu, *Minority Women and Austerity: Survival and Resistance in France and Britain*, Bristol: Policy Press, 2017.

3 A. Emejulu und L. Bassel, »The Politics of Exhaustion«, in: *City* 24 (2020) H. 1, S. 400–406.

4 K. McKittrick (Hg.), *Sylvia Wynter: On Being Human as Praxis*, Durham: Duke University Press, 2015.

5 Viele Wissenschaftler:innen, die sich mit dieser Frage befassen, würden sich selbst nicht als Afropessimist:innen bezeichnen und sind bei einigen Themenbereichen unterschiedlicher Meinung. Es ist nicht Gegenstand meines Buches, diesen unterschiedlichen Auffassungen nachzuspüren oder gar zu einer einvernehmlichen Lösung zu gelangen.

Einleitung

Dem Menschsein entfliehen

1 F. Block, R. A. Cloward und B. Ehrenreich, *The Mean Season: The Attack on the Welfare State*, Pantheon: New York, 1987.

2 S. Diamond, *Roads to Dominion: Right-Wing Movements and Political Power in the United States*, Guilford: New York, 1995.

3 M. Katz, *The Price of Citizenship: Redefining the American Welfare State*, Philadelphia: University of Pennsylvania Press, 2008.

4 Das war natürlich nicht nur eitel Sonnenschein. In den späten 1970er Jahren, als meine Familie in unser neues Haus in dem da-

mals ausschließlich weißen Vorort von Richardson zog, nördlich von Dallas, hinterließ ein anonymer Nachbar unechte Tickets für die Rückreise nach Afrika in unserem Postkasten.

5 I. Wilkerson, *The Warmth of Other Suns: The Epic Story of America's Great Migration*, New York: Vintage Books, 2011.

6 Im Parkland Hospital verstarb Präsident John F. Kennedy nach den tödlichen Schüssen von Lee Harvey Oswald in Dallas im Jahr 1963.

7 Für eine wunderbare Betrachtung zu dieser oft übersehenen Welt, vgl. M. Jefferson, *Negroland: A Memoir*, New York: Vintage, 2015.

8 H. Carby, »White woman listen! Black feminism and the boundaries of sisterhood«, in: *Empire Strikes Back: Race and Racism In 70's Britain*, London: Routledge, 2004 [1982], vgl. auch b. hooks, *Feminist Theory: From Margin to Center*, London: Pluto Press, 2000.

9 J. Moore, »Why the New Year's Attacks on Women in Germany Weren't Even a Crime« (2016). (Online unter https://www.buzzfeednews.com/article/jinamoore/cologne-attacks-on-women; letzter Zugriff 17.1.2024.) Zu einer Diskussion über weiße europäische Feministinnen, die sexuelle Gewalt rassifizieren, vgl. L. Bassel und A. Emejulu, *Minority Women and Austerity*.

10 S. Bilge, »Intersectionality undone: Saving intersectionality«, in: *Du Bois Review. Social Science Research on Race 10* (2013) H. 2, S. 405–424.

11 Combahee River Collective, »The Combahee River Collective Statement«, in: *Home Girls. A Black Feminist Anthology*, New Brunswick: Rutgers University Press, 1983, S. 264–274.

12 J. Baldwin, *The Cross of Redemption. Uncollected Writings*, New York: Vintage, 2011, S. 136.

13 M. A. Peters, »Interview with George Yancy, African-American philosopher of critical philosophy of race«, in: *Educational Philosophy and Theory*, 51 (2019) H. 7, S. 663–669 und 663–664.

14 C. W. Mills, *The Racial Contract*, Ithaca: Cornell University Press, 2014.

15 R. W. Gilmore, *Golden Gulag. Prisons, Surplus, Crisis, and Oppo-*

sition in Globalizing California, Berkeley: University of California Press, 2007, S. 247.

16 Z. N. Hurston, *Their Eyes Were Watching God*, Philadelphia: J. B. Lippincott, 1937, S. 102. Vgl. *Vor ihren Augen sahen sie Gott*, übers. von Hans-Ulrich Möhring, Gräfelfing: edition fünf, 2011.

17 K. Crenshaw, »Demarginalizing the Intersection of Race and Sex. A Black Feminist Critique of Antidiscrimination Doctrine, Feminist Theory and Antiracist Politics«, in: *U. Chicago. Legal Forum* 1 (1998) S. 139. Vgl. auch K. Crenshaw, »Mapping the Margins: Intersectionality, Identity Politics, and Violence Against Women of Color«, in: *Stanford. Law. Review* 43 (1990) S. 1241.

18 A. Y. Davis, *Women, Race, & Class*, New York: Vintage, 2011. P. Giddings, *When and Where I Enter. The Impact of Black Women on Race and Sex in America*, New York: W. Morrow, 1996. G. Lewis, »Questions of presence«, in: *Feminist Review* 117 (2017) H. 1, S. 1–19.

19 G. Lewis, »Unsafe travel: experiencing intersectionality and feminist displacements«, in: *Signs. Journal of Women in Culture and Society*, 38 (2013) H. 4, S. 869–892. N. G. Alexander-Floyd, »Disappearing Acts: Reclaiming Intersectionality in the Social Sciences in a Post-Black Feminist Era«, in: *Feminist Formations* 24 (2012) H. 1, S. 1–25.

20 »Women in the Shadow of Climate Change«, Bericht der Vereinten Nationen. (Online unter https://www.un.org/en/chronicle/article/womenin-shadow-climate-change; letzter Zugriff 17. 1. 2024.)

21 Dieses Gedicht bedeutet mir sehr viel, weil ich es 2018 auf der Beerdigung meiner Schwester vorgetragen habe.

1. Kapitel
Die Bedingungen der Gefangenschaft

1 C. Whitehead, *Underground Railroad*, übers. von Nikolaus Stingl, Frankfurt a. M.: Fischer Verlag, 2019, S. 346.

2 S. Hartman, *Scenes of Subjection. Terror, Slavery, and Self-Ma-*

king in Nineteenth-Century America, New York: Oxford University Press, 1997. Ders., *Lose Your Mother. A Journey Along the Atlantic Slave Route*, New York: Farrar, Straus and Giroux, 2007. H. Spillers *Black, White and in Color. Essays on American Literature and Culture*, Chicago: University of Chicago Press, 2003.

3 S. Hartman, *Scenes of Subjection. Terror, Slavery, and Self-Making in Nineteenth-Century America*, New York: Oxford University Press, 1997.

4 J. Cribb et al., »Living standards, Poverty and Inequality in the UK: 2021«, London: Institute for Fiscal Studies, 2021. (Online unter: https://ifs.org.uk/publications/15512; letzter Zugriff: 17. 1. 2024.) E. A. Shrider et al., »Income and Poverty in the United States: 2020«, 2020. (Online unter: https://www.census.gov/library/publications/2021/demo/p60-273.html.; letzter Zugriff: 17. 1. 2024.)

5 British Academy, *Shaping the COVID Decade. Addressing the Long-Term Societal Impacts of COVID-19*, 2021. (Online unter: doi.org/10.5871/bac19stf/9780856726590.001; letzter Zugriff: 17. 1. 2024.)

6 ONS (2021), *Why have Black and South Asian People Been Hit Hardest by COVID-19?* (Online unter: https://www.ons.gov.uk/peoplepopulationandcommunity/healthandsocialcare/conditionsanddiseases/articles/whyhaveblackandsouthasianpeoplebeenhithardestbycovid19/2020-12-14; letzter Zugriff: 17. 1. 2024.)

7 Paul Gilroy im Gespräch mit Achille Mbembe, 17. Juni 2020. (Online unter: https://www.ucl.ac.uk/racism-racialisation/transcript-conversation-achille-mbembe; letzter Zugriff: 17. 1. 2024.)

8 R. W. Gilmore, *Golden gulag: Prisons, Surplus, Crisis, and Opposition in Globalizing California*, Berkeley: University of California Press, 2007. M. Kaba, *We Do This 'Til We Free Us. Abolitionist Organizing and Transforming Justice*, Chicago: Haymarket Books, 2021. M. Alexander, *The New Jim Crow. Mass Incarceration in the Age of Colour-blindness*, New York: New Press, 2010. D. E. Roberts, *Killing the Black Body. Race, Reproduction, and the Meaning of Liberty*, London: Vintage, 1999.

9 ›Gefängnisarbeit ist moderne Sklaverei. Ich bin in Isolationshaft

gesteckt worden, weil ich den Mund aufgemacht habe‹; vgl. Kevin Rashid Johnson, https://www.theguardian.com/commentisfree/2018/aug/23/prisoner-speak-out-american-slave-labor-strike; letzter Zugriff: 17. 1. 2024.

10 H. Lo Wang, »›Dein Körper wird benutzt‹: Wo Gefangene, die nicht wählen können, Wahlkreise füllen« (2019), online unter: https://www.npr.org/sections/codeswitch/2019/12/31/761932806/your-body-being-used-where-prisoners-who-cant-vote-fill-voting-districts; letzter Zugriff: 17. 1. 2024.

11 T. Campt, *Listening to Images*, Durham: Duke University Press, 2017, S. 17.

12 Online unter: https://olivemorris.org; letzter Zugriff: 17. 1. 2024.

13 V. Carretta, *Phillis Wheatley. Biography of a Genius in Bondage*, Athens: University of Georgia Press, 2011.

14 Die Gedichte und Briefe von Phillis Wheatley wurden von Florian Bissig ins Deutsche übertragen; vgl. Phillis Wheatley, *Nie mehr, Amerika! Gedichte und Briefe*, hrsg. und übers. von Florian Bissig, Berlin: Friedenauer Presse, 2023. Darin: »Über die Verschleppung von Afrika nach Amerika«, S. 62.

15 P. Wheatley, *Nie mehr, Amerika!*, S. 80–82.

16 Carretta, Phillis Wheatley, 2011.

2. Kapitel
Der Feminismus der Fliehenden: Hoffnung und Verweigerung

1 b. hooks, *Feminist Theory. From Margin to Center*, 2000.

2 P. J. Giddings, *Ida. A Sword Among Lions. Ida B. Wells and the Campaign against Lynching*, New York: HarperCollins, 2009.

3 H. Spillers, »Mama's Baby, Papa's Maybe: An American Grammar Book«, in: *Diacritics* 17 (2006) H. 2, S. 64–81.

4 b. hooks, »Choosing the Margin as a Space of Radical Openness«, in: *Framework. The Journal of Cinema and Media* 36 (1989) S. 15–23.

5 b. hooks, *Black Looks. Race and Representation*, Boston: South End Press, 1992.

6 M. Bey, »Black Fugitivity Un/Gendered«, in: *The Black Scholar* 49 (2019) H. 1, S. 55–62.

7 A. Lorde, *Your Silence Will Not Protect You. Essays and Poems*, London: Silver Press, 2017 [1984].

8 K. McKittrick, *Dear Science and Other Stories*, Durham: Duke University Press, 2021.

9 A. Simpson, »Consent's Revenge«, in: *Cultural Anthropology* 31 (2016) H. 3, S. 328. Vgl. auch A. Simpson, *Mohawk interruptus. Political Life Across the Borders of Settler States*, Duke University Press, 2014.

10 Simpson, »Consent's Revenge«, S. 329.

11 A. Emejulu und I. van der Scheer, »Refusing Politics as Usual. Women of Colour Activists in London and Amsterdam«, in: *Identities* 29 (2021) H. 1. (Online unter: https://www.tandfonline.com/doi/full/10.1080/1070289X.2021.1914951; letzter Zugriff: 18. 1. 2024.)

12 A. Lorde, »The Transformation of Silence into Language and Action«, in: *Your Silence Will Not Protect You*, London: Silver Press, 2017, S. 23.

13 R. C. Ferrari, »Fanny Eaton: The ›Other‹ Pre-Raphaelite Model« (2014). (Online unter: https://academiccommons.columbia.edu/doi/10.7916/D8X92900; letzter Zugriff: 18. 1. 2024.)

14 G. Lewis, »Questions of presence«, in: *Feminist Review* 117 (2017) H. 1, S. 1–19.

3. Kapitel
Gemeinschaft errichten, fürsorgliche Fliehende finden

1 G. Brooks, »Paul Robeson«, in: *The Essential Gwendolyn Brooks*, hrsg. von E. Alexander, New York: Library of America, 2005.

2 J. C. Tronto, *Who cares? How to Reshape a Democratic Politics*, Cornell University Press, 2015.

3 b. hooks, *All About Love. New Visions*, New York: HarperCollins, 2000.

4 F. Ferrando, »Posthumanism, Transhumanism, Antihumanism,

Metahumanism, and New Materialisms«, in: *Existenz* 8 (2013) H. 2, S. 26–32.

5 K. Whyte, »Indigenous Climate Change Studies. Indigenizing Futures, Decolonizing the Anthropocene«, in: *English Language Notes* 55 (2017) H. 1, S. 153–62.

6 Laboria Cuboniks Collective, *The Xenofeminist Manifesto. A Politics for Alienation*, London: Verso, 2018.

7 Für eine ausgezeichnete Kritik am Xenofeminismus, vgl. A. Goh, »Appropriating the Alien: A Critique of Xenofeminism« (2019). (Online unter: https://www.metamute.org/editorial/articles/appropriating-alien-critique-xenofeminism; letzter Zugriff: 18. 1. 2024.)

8 »The Negro in American Culture«, Radiointerview mit James Baldwin, Langston Hughes, Lorraine Hansberry, Emile Capouya und Alfred Kazin aus dem Jahr 1961. (Online unter: https://www.youtube.com/watch?v=jNpitdJSXWY&feature=youtu.be; letzter Zugriff: 18. 1. 2024.)

9 T. Derricotte, »Joy is an act of resistance, and: Special ears, and: Another poem of a small grieving for my fish Telly, and: On the reasons I loved Telly the fish«, in: *Prairie Schooner* 82 (2008) H. 3, S. 22–27.

Danksagung

Mein Dank gebührt meiner Familie. Ohne euch wäre ich heute nicht die, die ich bin: Ollie Lee Mason, Duane Emejulu, Ngozi Emejulu, Chika Emejulu, Nnaemeka Emejulu, Elon Emejulu and Anaya Emejulu. Vielen Dank auch an Stephanie Lang, ein neues Mitglied unserer Familie.

Vielen Dank an meinen Verlag Silver Press. Sarah Shin, Alice Spawls und Joanna Briggs, ich kann euch gar nicht sagen, was mir eure Ermutigung, eure Unterstützung und Geduld bedeutet haben.

Ein Dankeschön an Rosalie Doubal dafür, dass ich meiner Fantasie freien Lauf lassen und diese Ideen 2018 am Institute of Contemporary Arts in London ausprobieren durfte.

Mein ganz besonderer Dank gilt Alice Mah, die meine Entwürfe gelesen hat und mir auf dieser Reise eine Begleiterin auf Spaziergängen war.

Zur Autorin

Akwugo Emejulo ist seit 2017 Professorin für Soziologie an der University of Warwick. Ihr Forschungsgebiet umfasst politische Soziologie und Graswurzel-Aktivismus von Frauen of Colour in Europa. Für ihre akademische Arbeit wurde sie 2020 mit dem Emma-Goldman-Preis der Flax Foundation ausgezeichnet.

Zuletzt von ihr erschienen sind: *Minority Women and Austerity: Survival and Resistance in France and Britain* (2017, gemeinsam mit L. Bassel) und *To Exist is to Resist: Black Feminism in Europe* (2019).